L'aide-mémoire de l'angliciste

PAR

Philippe Laruelle
Agrégé de l'Université

Françoise Michelet
Agrégée de l'Université

Presses Universitaires de France

COLLECTION MAJOR

DIRIGÉE PAR PASCAL GAUCHON

CODIRIGÉE PAR PHILIPPE LARUELLE

ISBN 2 13 052225 4

Dépôt légal — 1re édition : 1995
3e édition revue et augmentée : 2001, septembre

Sommaire

1

Orthographe

Retenir

Les problèmes d'orthographe les plus fréquents

Approfondir

Retenir

Les problèmes d'orthographe les plus fréquents

I. Par confusion avec le français

1. Consonne simple en français - double en anglais

abréviation	abbreviation
adresse	address
café	coffee
trafic	traffic
agressif	aggressive
bagages	baggage (*toujours singulier*)
exagérer	exaggerate
chancelier	chancellor
spécialement	specially
comité	committee
symétrie	symmetry
Chanel	the Channel (*= la Manche*)
dîner	dinner
disparaître	disappear
baril	barrel
carotte	carrot
guérilla	guerrilla (*= guérillero*)
mariage	marriage
miroir	mirror
querelle	quarrel
bouton	button
bouteille	bottle
coton	cotton

2. Consonne double en français - simple en anglais

effrayé	afraid
solliciter	solicit
dommage	damage
flamme	flame
constitutionnel	constitutional
dictionnaire	dictionary
ennemi	enemy
honnête	honest
honneur	honour
millionnaire	millionaire
monnaie	money (*= argent*)

occasionnel	occasional
personne	person
personnel	personal
professionnel	professional
protectionniste	protectionist
révolutionnaire	revolutionary
stationnaire	stationary
traditionnel	traditional
développer	develop
développement	development
enveloppe	envelope
rapport	report
carrière	career
avertissement	advertisement (*= publicité)*
ressembler	resemble
ressources	resources
littérature	literature

3. Changement de lettre

ambassade	embassy
banc	bench
condamner	condemn
confiant	confident
dépendance	dependence
indépendant	independent
recommander	recommend
tendance	tendency
tranchée	trench
exemple	example
responsable	responsible
responsabilité	responsibility
aristocratie	aristocracy
démocratie	democracy
cacao	cocoa
médecine	medicine
chimique	chemical
cimetière	cemetery
fonction	function
fondamental	fundamental
fonds	funds
prononciation	pronunciation
oncle	uncle
volontaire	voluntary
choquer	shock
confort	comfort
négociation	negotiation
pittoresque	picturesque
réflexion	reflection
connexion	connection
colonne	column

4. Ajout de lettre

absolu	absolute
absolument	absolutely
complet	complete
complétement	completely
immédiat	immediate
immédiatement	immediately
chocolat	chocolate
climat	climate
futur	future
(le) moral	morale
collègue	colleague
jaloux	jealous
mesure	measure
rassurer	reassure

recevoir	receive
réparer	repair
annoncer	announce
dénoncer	denounce
fonder	found
prononcer	pronounce
renoncer	renounce
garantie	guarantee
garde	guard
gardien	guardian (*= tuteur)*
langage	language
avantage	advantage
juge	judge
jugement	judg(e)ment
alcool	alcohol
auteur	author
autorité	authority
caractéristique	characteristic
mécanique	mechanical
rime	rhyme
rythme	rhythm
contrainte	constraint
hôpital	hospital
Lyon	Lyons
Marseille	Marseilles
Reims	Rheims
diabète	diabetes [daɪə'bi:ti:z]
Achille	Achilles [ə'kɪli:z]
Archimède	Archimedes
Hercule	Hercules
Socrate	Socrates

5. Suppression de lettre

comparaison	comparison
environnement	environment
équipement	equipment
gouvernement	government
explicite	explicit
explicitement	explicitly
(la) morale	moral
paradoxe	paradox
pétrole	petrol *(= essence)*
symptôme	symptom
médaille	medal
remplacer	replace
approuver	approve
prouver	prove
mouvement	movement
désespéré	desperate
déshumanisé	dehumanized
compagnie	company
rhum	rum
Georges	George
héros	hero
ustensile	utensil

6. Ponctuation

lundi	Monday
janvier	January
français	French
30 000	30,000
3,5%	3.5%
canoë	canoe [kə'nu:]
humanoïde	humanoid
thyroïde	thyroid
Israël	Israel
Taïwan	Taiwan

II. Par confusion avec l'anglais

according to	*selon*	across	*à travers*
all	*tous, tout*	always	*toujours*
full	*plein*	careful	*prudent*
Hollywood		holiday	*jour férié*
chose	*prétérit de* choose	choose	*choisir*
loose	*desserré*	lose	*perdre*
lost	*perdu*	loss	*perte*
to		too	*trop*
harass	*harceler*	embarrass	*gêner*
dependent *(Adj)*	*dépendant*	dependant	*personne à charge*
		defendant	*accusé*
leave	*partir*	live	*vivre*
nine	*neuf*	ninth	*neuvième*
twelve	*douze*	twelfth	*douzième*
true	*vrai*	truth	*vérité*
think	*penser*	thing	*chose*
freedom	*liberté*	phenomenon	*phénomène*
electronics	*(l')électronique*	technique(s)	*technique(s)*
weather	*temps (qu'il fait)*	whether	*si*
with		which	
anger	*colère*	hunger	*faim*
angry	*en colère*	hungry	*affamé*
word	*mot*	world	*monde*
found	*prétérit de* find	fond of	*friand de*
fourteen	*quatorze*	forty	*quarante*
thought	*prétérit de* think	though	*bien que, cependant*
through	*au travers (de)*	though	*bien que, cependant*
Thatcher		teacher	
the other	*l'autre*	another	*un autre*
must not		cannot	
isn't, hasn't		mustn't	

III. Par confusion avec l'allemand

Europa	Europe	*positiv*	positive
Thema	theme	*bevor*	before
Partei	party	*welche*	which
		Wetter	weather, whether
activ	active		

Approfondir

I. Le redoublement des consonnes

Le redoublement de la consonne finale concerne certains verbes aux formes -ING et -ED, ainsi que certains adjectifs. Il a toujours la même fonction : préserver la prononciation de la voyelle (brève) en l'empêchant de devenir diphtongue. Par exemple, le verbe *can* (mettre en conserve) fait son prétérit en *canned,* et non pas *caned,* qui se prononcerait alors [keɪnd].

1. Verbes monosyllabiques

Il suffit de connaître l'orthographe du verbe à l'infinitif pour savoir si l'on doit ou non redoubler la consonne finale.

<u>Redoublement obligatoire</u>

Cas où le verbe se termine par une voyelle unique et une consonne unique. Exemples :

bar [ɑː]	barring	barred	*exclure*
can [æ]	canning	canned	*mettre en conserve*
hop [ɒ]	hopping	hopped	*sautiller*
pin [ɪ]	pinning	pinned	*épingler*
scrap [æ]	scrapping	scrapped	*mettre au rebut*

<u>Pas de redoublement</u>

▶ **Séquence voyelle - consonne - E muet**

bare [ɛə]	baring	bared	*dénuder*
cane [eɪ]	caning	caned	*fouetter*
hope [əʊ]	hoping	hoped	*espérer*
pine [aɪ]	pining	pined	*languir*
scrape [eɪ]	scraping	scraped	*érafler*

▶ **Séquence voyelle - voyelle - consonne**

deem [iː]	deeming	deemed	*penser*
heap	heaping	heaped	*entasser*
heat	heating	heated	*chauffer*
load [əʊ]	loading	loaded	*charger*

▶ **Verbes se terminant par -F, -L, -S ou -Z**

Tous ces verbes se terminent par une consonne double à l'infinitif.
Exemples :

sniff [ɪ]	sniffing	sniffed	*renifler*
stuff [ʌ]	stuffing	stuffed	*farcir*
kill [ɪ]	killing	killed	*tuer*
pull [ʊ]	pulling	pulled	*tirer*
stress [e]	stressing	stressed	*mettre l'accent sur*
kiss [ɪ]	kissing	kissed	*embrasser*
fuss [ʌ]	fussing	fussed	*faire des histoires*
buzz [ʌ]	buzzing	buzzed	*vibrer*
whizz [ɪ]	whizzing	whizzed	*filer à toute allure*

▶ **Quelques rares verbes en -RR**

err [ɜː]	erring	erred	*se tromper*
purr	purring	purred	*ronronner*
whirr	whirring	whirred	*vrombir*

<u>Exemples de redoublement</u>

▶ **Finale en -B**

stab [æ]	stabbing	stabbed	*poignarder*
rob [ɒ]	robbing	robbed	*dévaliser*
sob	sobbing	sobbed	*sangloter*

▶ **Finale en -D**

shed [e]	shedding		*verser (des larmes)*
wed	wedding	wedded	*épouser*
skid [ɪ]	skidding	skidded	*déraper*

plod [ɒ]	plodding	plodded	*marcher lourdement*
prod	prodding	prodded	*pousser du pied*

▶ **Finale en -G**

brag [æ]	bragging	bragged	*se vanter*
drag	dragging	dragged	*traîner (qqch)*
lag	lagging	lagged	*être à la traîne*
dig [ɪ]	digging		*creuser*
flog [ɒ]	flogging	flogged	*fouetter*
jog	jogging	jogged	*trottiner*
drug [ʌ]	drugging	drugged	*droguer*
hug	hugging	hugged	*étreindre*
plug	plugging	plugged	*brancher*

▶ **Finale en -M**

jam [æ]	jamming	jammed	*coincer*
slam	slamming	slammed	*claquer (une porte)*
skim [ɪ]	skimming	skimmed	*écrémer*
slim	slimming	slimmed	*maigrir*
trim	trimming	trimmed	*tailler*
sum up [ʌ]	summing up	summed up	*résumer*

▶ **Finale en -N**

ban [æ]	banning	banned	*interdire*
can	canning	canned	*mettre en conserve*
scan	scanning	scanned	*scruter*
tan	tanning	tanned	*bronzer*
grin [ɪ]	grinning	grinned	*sourire largement*
pin	pinning	pinned	*épingler*
sin	sinning	sinned	*pécher*
win	winning		*gagner*
run [ʌ]	running		*courir*
stun	stunning	stunned	*abasourdir*

▶ **Finale en -P**

slap [æ]	slapping	slapped	*gifler*
strap	strapping	strapped	*attacher*
trap	trapping	trapped	*piéger*
wrap	wrapping	wrapped	*emballer*

swap[ɒ]	swapping	swapped	*troquer*
grip [ɪ]	gripping	gripped	*empoigner*
rip	ripping	ripped	*déchirer*
ship	shipping	shipped	*expédier*
slip	slipping	slipped	*glisser, déraper*
strip	stripping	stripped	*déshabiller*
chop [ɒ]	chopping	chopped	*hacher*
drop	dropping	dropped	*laisser tomber*
shop	shopping	shopped	*faire ses achats*
stop	stopping	stopped	*arrêter*

▶ **Finale en -R**

bar [ɑː]	barring	barred	*barrer*
char	charring	charred	*carboniser*
scar	scarring	scarred	*balafrer*
war [ɔː]	warring	warred	*guerroyer*
stir [ɜː]	stirring	stirred	*agiter*
blur	blurring	blurred	*estomper*

▶ **Finale en -T**

chat [æ]	chatting	chatted	*bavarder*
pat	patting	patted	*tapoter*
bet [e]	betting		*parier*
get	getting		*obtenir*
let	letting		*laisser*
set	setting		*fixer*
wet	wetting	wetted	*humecter*
fit [ɪ]	fitting	fitted	*être de la bonne taille*
hit	hitting		*frapper*
knit	knitting		*tricoter*
sit	sitting		*être assis*
jot [ɒ]	jotting	jotted	*griffonner*
rot	rotting	rotted	*pourrir*
cut [ʌ]	cutting		*couper*
shut	shutting		*fermer*
put [ʊ]	putting		*mettre*

2. Autres verbes

Redoublement obligatoire

Les trois critères définis plus haut (voyelle unique, consonne unique, pas de -E muet en finale) s'appliquent ici aussi. Mais ne sont concernés que **les verbes dont la dernière syllabe est accentuée.**
Exemples :

for'bid	forbidding		*interdire*
re'bel	rebelling	rebelled	*se rebeller*
re'pel	repelling	repelled	*repousser*
ful'fil	fulfilling	fulfilled	*exaucer*
con'trol	controlling	controlled	*maîtriser*
be'gin	beginning		*commencer*
de'ter	deterring	deterred	*dissuader*
pre'fer	preferring	preferred	*préférer*
trans'fer	transferring	transferred	*transférer*
o'ccur	occurring	occurred	*se produire*
for'get	forgetting		*oublier*
re'gret	regretting	regretted	*regretter*
ad'mit	admitting	admitted	*admettre*
co'mmit	committing	committed	*commettre*
per'mit	permitting	permitted	*permettre*

Pas de redoublement

On ne redouble pas la consonne finale quand la dernière syllabe est inaccentuée :

'happen	happening	happened	*se produire*
'open	opening	opened	*ouvrir*
'threaten	threatening	threatened	*menacer*
'weaken	weakening	weakened	*affaiblir*
'worsen	worsening	worsened	*empirer*
'reckon	reckoning	reckoned	*estimer*
de'velop	developing	developed	*(se) développer*
'gossip	gossiping	gossiped	*faire des commérages*
'worship	worshiping	worshiped	*adorer (Religion)*

'answer	answering	answered	*répondre*
'enter	entering	entered	*entrer dans*
'offer	offering	offered	*offrir*
'prosper	prospering	prospered	*prospérer*
'suffer	suffering	suffered	*souffrir*
'utter	uttering	uttered	*prononcer*
'focus	focusing	focused	*(se) focaliser*
'benefit	benefiting	benefited	*bénéficier à*
'edit	editing	edited	*monter (film)*
'profit	profiting	profited	*tirer un profit*
'visit	visiting	visited	*rendre visite à*

Cas particuliers

▶ **Verbes en -EL**

En anglais britannique, les verbes de deux syllabes en -EL accentués sur la première syllabe redoublent le -L final.

Exemples :

'fuel	fuelling	fuelled	*alimenter*
'label	labelling	labelled	*étiqueter*
'level	levelling	levelled	*niveler*
'travel	travelling	travelled	*voyager*

Noter que cette règle ne s'applique pas en anglais américain :

'travel	traveling	traveled

▶ **Verbes en -IC**

La graphie <c> se transforme en <ck> :

'mimic	mimicking	mimicked	*imiter*
'panic	panicking	panicked	*s'affoler*
'picnic	picnicking	picnicked	*pique-niquer*
'traffic	trafficking	trafficked	*trafiquer*

3. Adjectifs et adverbes

Comparatifs et superlatifs

Les règles définies pour les verbes s'appliquent également aux adjectifs (au comparatif et au superlatif) :

mad	madder	maddest	*fou*
sad	sadder	saddest	*triste*

big	bigger	biggest	*grand*
dim	dimmer	dimmest	*sombre*
slim	slimmer	slimmest	*svelte*
thin	thinner	thinnest	*mince*
fat	fatter	fattest	*gros*
fit	fitter	fittest	*en forme*
flat	flatter	flattest	*plat*
hot	hotter	hottest	*chaud*
wet	wetter	wettest	*humide*

Adjectifs composés

chin	*menton*	blue-chinned	*au menton bleui par la barbe*
leg	*jambe*	long-legged	*aux jambes longues*
skin	*peau*	dark-skinned	*brun (de peau)*
wit	*esprit*	sharp-witted	*à l'esprit vif*

Adjectifs dérivés

flab	*graisse*	flabby	*flasque*
fun	*amusement*	funny	*amusant*
fur	*fourrure*	furry	*en peluche*
nut	*noix*	nutty	*cinglé*
sun	*soleil*	sunny	*ensoleillé*
slug	*limace*	sluggish	*léthargique*

Certains adverbes en -LY

Les adjectifs en -AL donnent des adverbes en -ALLY. Il ne s'agit pas à proprement parler d'un redoublement, puisqu'on se contente d'ajouter le suffixe -LY.
Exemples :

actual	*réel*	actually	*en fait*
eventual	*final*	eventually	*à la longue*
occasional	*intermittent*	occasionally	*de temps en temps*
official	*officiel*	officially	*officiellement*
personal	*personnel*	personally	*personnellement*

4. Noms dérivés

chop	*trancher*	chopper	*couperet*
cut	*couper*	cutter	*cutter*
dim	*assombrir*	dimmer	*variateur de lumière*
drum	*tambour*	drummer	*joueur de tambour*
gun	*canon*	gunner	*artilleur*
rob	*dévaliser*	robber	*voleur*
run	*courir*	runner	*coureur*
shop	*faire ses achats*	shopper	*client*
shut	*fermer*	shutter	*volet*
slim	*maigrir*	slimmer	*régime amaigrissant*
strip	*se déshabiller*	stripper	*strip-teaseuse*
trap	*piéger*	trapper	*trappeur*
wrap	*emballer*	wrapper	*emballage*
cab	*taxi*	cabbie	*chauffeur de taxi*
frog	*grenouille*	froggie	*surnom des Français en Angleterre*
war	*guerre*	warrior	*guerrier*

II. Autres variations orthographiques

1. De <IE> à <Y>

die	*mourir*	dying
lie	*reposer*	lying
tie	*lier*	tying
vie	*rivaliser*	vying

Ne pas confondre avec :

dye	*teindre*	dyeing
eye	*regarder*	eyeing

2. De <Y> à <IE>

<u>Pluriel des noms</u>

baby	*bébé*	babies
butterfly	*papillon*	butterflies
casualty	*victime*	casualties

commodity	*marchandise*	commodities
family	*famille*	families
lady	*dame*	ladies

Verbes

bury	buries	buried	*enterrer*
carry	carries	carried	*porter*
cry	cries	cried	*pleurer*
deny	denies	denied	*nier*
fancy	fancies	fancied	*imaginer*
hurry	hurries	hurried	*se dépêcher*
marry	marries	married	*épouser*
occupy	occupies	occupied	*occuper*
study	studies	studied	*étudier*
supply	supplies	supplied	*fournir*

Mais quand le -Y final est précédé d'une autre voyelle, il n'y a pas de changement :

stay	stays	stayed	*rester*
obey	obeys	obeyed	*obéir (à)*
enjoy	enjoys	enjoyed	*apprécier*
buy	buys		*acheter*

▶ **Exceptions**

lay	lays	laid	*poser*
pay	pays	paid	*payer*
say	says	said	*dire*

3. De <Y> à <I>

La suffixation en -LY transforme le -Y final en <I> :

Adjectif		**Adverbe**
crazy	*fou*	crazily
funny	*drôle*	funnily
greedy	*cupide*	greedily
hearty	*cordial*	heartily
lucky	*chanceux*	luckily
sleepy	*somnolent*	sleepily

La suffixation en -NESS a le même effet :

Adjectif		**Nom**
flabby	*flasque*	flabbiness
friendly	*amical*	friendliness
happy	*heureux*	happiness
lonely	*esseulé*	loneliness
sticky	*collant*	stickiness
ugly	*laid*	ugliness

▶ **Exception : -Y prononcé** [aɪ]

dry	*sec*	dryly, dryness
shy	*timide*	shyly, shyness
sly	*rusé*	slyly, slyness
wry	*(ton) désabusé*	wryly, wryness

4. Apparition de <E>

Ce <E> apparaît au pluriel et à la troisième personne du singulier, dans les mots se terminant par un son sifflant ou chuintant (sauf TH), ainsi que dans certains mots en -O :

bus	*bus*	buses	
focus	*foyer (optique)*	focuses	
Mr. Jones		the Joneses	*les Jones*
business	*affaires*	businesses	*entreprises*
miss	*manquer*	misses	
pass	*passer, réussir*	passes	
Mr. Moss		the Mosses	*les Moss*
box	*boîte*	boxes	
fix	*réparer*	fixes	
Mr. Wilcox		the Wilcoxes	*les Wilcox*
push	*pousser*	pushes	
coach	*autocar*	coaches	
stitch	*point de suture*	stitches	
do		does	
go		goes	
cargo	*cargaison*	cargoes	
hero	*héros*	heroes	
innuendo	*sous-entendu*	innuendoes	
potato	*pomme de terre*	potatoes	
tomato	*tomate*	tomatoes	
tornado	*tornade*	tornadoes	

Noter que certains noms en -O font leur pluriel en -OS :

Eskimo		Eskimos
embryo	*embryon*	embryos
ghetto	*ghetto*	ghettos
piano	*piano*	pianos
radio	*radio*	radios

Noter aussi qu'un pluriel en -OES peut correspondre à un singulier en -OE :

toes	toe [təʊ]	*orteil*
foes	foe	*ennemi*
hoes	hoe	*biner, binette*
woes	woe	*malheur*
canoes	canoe [kəˈnuː]	*canoë*

5. De <SE> à <CE>

Verbe		**Nom**	
advise	*conseiller*	advice	*conseils*
devise	*élaborer*	device	*appareil*
license	*autoriser*	licence	*permis*
practise	*pratiquer*	practice	*pratique*

Dans ces deux derniers cas, où la prononciation ne change pas, l'anglais américain n'utilise que *license* et *practice.*

6. De <F> à <V>

Les noms en -F(E) font normalement leur pluriel en -VES.
Exemples :

calf	calves	*mollet(s) / veau(x)*
dwarf	dwarves	*nain(s)*
half	halves	*moitié(s)*
knife	knives	*couteau(x)*
leaf	leaves	*feuille(s)*
life	lives	*vie(s)*
myself	ourselves	
scarf	scarves	*foulard(s)*
shelf	shelves	*étagère(s)*
thief	thieves	*voleur(s)*
wife	wives	*épouse(s)*
wolf	wolves	*loup(s)*

7. <ISE> et <IZE>

L'usage britannique privilégie traditionnellement -ISE, mais accepte aussi -IZE. L'usage américain ne retient que -IZE. Ex : organise, organize *(GB)* / organize *(US)*.

Il faut surtout retenir que certains verbes s'écrivent toujours -ISE, quel que soit l'usage :

advertise	*faire de la publicité*	devise	*élaborer*
advise	*conseiller*	exercise	*exercer*
arise	*survenir*	improvise	*improviser*
compromise	*trouver un compromis*	revise	*réviser*
despise	*mépriser*	supervise	*surveiller*
		surprise	*surprendre*

III. Ponctuation

1. La majuscule

Noms et adjectifs indiquant la nationalité ou l'origine ethnique

Les adjectifs de nationalité prennent la majuscule en anglais (contrairement aux usages français, allemand et espagnol).

Americans	les *Américains*	the American people	*le peuple américain*
a Frenchman	*un Français*	French cooking	*la cuisine française*
Zulus	*les Zoulous*	Zulu tribes	*les tribus zouloues*

Personnalités

Chancellor Kohl	*le chancelier Kohl*
General Powell	*le général Powell*
Pope John Paul	*le pape Jean-Paul II*
President Clinton	*le président Clinton*
Professor Smith	*le professeur Smith*
Queen Elizabeth	*la reine Elizabeth*

Organismes

Amnesty International	*Amnesty International*
Oxford University	*l'Université d'Oxford*
(the) Congress	*le Congrès*
the European Commission	*la Commission européenne*
the Federal Reserve	*la Réserve fédérale*

the Senate	*le Sénat*
the State Department	*le Département d'Etat / ministère des Affaires étrangères*
the Supreme Court	*la Cour suprême*
the Treasury	*le Trésor*
the World Bank	*la Banque mondiale*

Partis politiques

the Labour Party	*le Parti travailliste*
the Conservative Party	*le Parti conservateur*
the Liberal Democrats	*les Démocrates libéraux*
the Democratic Party	*le Parti démocrate*
the Republican Party	*le Parti républicain*
a Conservative	*un conservateur*
a Liberal Democrat	*un démocrate libéral*
a Democrat	*un démocrate*
a Republican	*un républicain*

Mais si l'adjectif ne renvoie pas à un parti, il perd sa majuscule :

a communist regime	*un régime communiste*
democratic elections	*des élections démocratiques*
a conservative attitude	*un comportement conservateur*

Religions

Christianity *le christianisme*	a Christian *un chrétien*	the Christian faith *la foi chrétienne*
Catholicism *le catholicisme*	a Catholic *un catholique*	a Catholic priest *un prêtre catholique*
Protestantism *le protestantisme*	a Protestant *un protestant*	a Protestant church *un temple protestant*
Islam *l'Islam*	a Muslim *un musulman*	a Muslim country *un pays musulman*
Judaism *le judaïsme*	a Jew *un juif*	the Jewish people *le peuple juif*

Traités et lois

the Maastricht Treaty	*le traité de Maastricht*
the Treaty of Rome	*le traité de Rome*
the Education Act	*la loi sur l'éducation*
the Finance Bill	*le projet de loi de finances*

Lieux

Buckingham Palace	*le palais de Buckingham*
South-East Asia	*l'Asie du Sud-Est*
the Deep South	*le Sud profond (des Etats-Unis)*
the Middle East	*le Moyen-Orient*
the West	*l'Ouest, l'occident*
the West Country	*le sud-ouest de l'Angleterre*
the White House	*la Maison Blanche*
Westminster Abbey	*l'abbaye de Westminster*

Périodes ou événements historiques

the (American) Revolution	*la guerre d'Indépendance*
the (American) Civil War	*la guerre de Sécession*
the Reconstruction	*la Reconstruction de l'Union (après 1865)*
the Great Depression	*la Crise de 1929*
the Second World War, World War II	*la Deuxième guerre mondiale*
D-Day	*le jour du Débarquement*
the Middle Ages	*le moyen âge*
the Dark Ages	*l'âge de l'obscurantisme*
the Renaissance	*la Renaissance*
the Industrial Revolution	*la révolution industrielle*
the Victorian period	*l'époque victorienne*

2. La virgule

Il y a globalement moins de virgules en anglais qu'en français ; les compléments de temps et de lieu, en particulier, ne sont généralement pas délimités par des virgules. L'anglais n'a pas non plus cet usage de l'allemand qui consiste à séparer toutes les propositions par des virgules (ex. *Ich denke, daß...*).

On peut dire que la virgule est essentiellement obligatoire dans les appositions.

Propositions relatives appositives

My brother, who lives in London, is a mechanic *Mon frère, qui habite Londres, est mécanicien.*

La présence des virgules indique que la relative est une apposition, donc un ajout facultatif.

Ne pas confondre avec la même phrase sans virgules :

My brother who lives in London is a mechanic *Mon frère qui habite Londres est mécanicien.*

L'absence de virgules indique que la relative est indispensable : il s'agit de distinguer entre plusieurs frères.

Appositions

Mary, a 63-year-old widow, has two daughters *Mary, veuve de 63 ans, a deux filles.*
An ardent socialist for years, George Bernard Shaw finally visited the Soviet Union in 1931 *Socialiste convaincu depuis des années, George Bernard Shaw se rendit finalement en Union Soviétique en 1931.*

Adverbes de contraste

Losing doesn't matter to some women. Most men, however, can't stand it at any price *Il y a des femmes que cela ne gêne pas de perdre. En revanche, la plupart des hommes ne le supportent absolument pas.*
Nobody, though, could have expected this boom *Cependant, cette expansion n'était nullement prévisible.*
He did it, though *Et pourtant, il l'a fait.*

3. Le trait d'union

Noms composés

an asylum-seeker	*un demandeur d'asile*
a first-jobber	*le titulaire d'un premier emploi*
a peace-maker	*un artisan de la paix*

Noter que dans ce type de nom composé, le trait d'union peut disparaître (car maker *constructeur automobile*), ainsi que l'espace entre les deux mots (pacemaker *stimulateur cardiaque*). Il n'y a donc pas d'usage fixe.

Dans les autres cas, le trait d'union est presque toujours obligatoire, car il sert à délimiter les unités de sens, en particulier lorsque le groupe nominal comprend trois mots ou plus.

ballot-stuffing	*le bourrage des urnes*
cost-cutting	*la réduction des coûts*
health-care reform	*la réforme du système de santé*
luxury-car makers	*les constructeurs d'automobiles de luxe*
a 57-kilometer tunnel	*un tunnel de 57 kilomètres de long*
a monetary-union treaty	*un traité d'union monétaire*
the left-wing opposition	*l'opposition de gauche*
short-term interest rates	*les taux d'intérêt à court terme*

the savings-and-loan bailout *le sauvetage des caisses d'épargne*
a $9-billion satellite-communications system *un système de communication par satellite de 9 milliards de dollars*
a Chinese-language, pay-television channel *une chaîne de télévision à péage en langue chinoise*

<u>Adjectifs composés</u>

a long-awaited decision *une décision qui se faisait attendre*
a state-owned airline *une compagnie aérienne nationalisée*
a well-respected man *un homme respecté*
later-than-expected intervention *une intervention plus tardive que prévue*

a fast-growing industry *une industrie en forte expansion*
a poor-selling car *une voiture qui se vend mal*

a 300-meter-high tower *une tour de 300 mètres de haut*
a ten-foot-wide gap *un fossé de trois mètres de large*
an 18-year-old American *un Américain de 18 ans*

4. Le tiret

Il est plus fréquent en anglais qu'en français, et il remplace la virgule, les deux points (:) ou les parenthèses. Plus exactement, il sert à introduire une explication, une paraphrase ou une rectification de ce qui précède :

Al Gore was one of Capitol Hill's main proponents of building a system of information highways—a high-speed national network of fibre-optic and wireless communications that would transform the way Americans live and work *Al Gore fut, au Congrès, l'un des plus chauds partisans de la création d'autoroutes de l'information, ce réseau national à grande vitesse de fibre optique et de liaisons hertziennes qui transformerait la façon de vivre et de travailler des Américains.*

Everyone agreed—well, said they did—that aid must be separate from trade *Tous étaient d'accord (c'est du moins ce qu'ils disaient) sur la nécessité de dissocier les aides des échanges.*

5. Les guillemets

L'anglais n'utilise pas les guillemets français (« »), mais les guillemets typographiques simples ou doubles :
' ' inverted commas *(GB)* ;
" " (double) quotation marks *(US)*.

IV. *Nombres, dates et sommes d'argent*

1. Nombres

Dans les nombres écrits en chiffres, les milliers sont séparés par des virgules :
1,000
1,250,000
Inversement, les décimales sont précédées d'un point :
1.5
3.1416

Quand ils sont transcrits en toutes lettres, les nombres de 21 à 99 s'écrivent avec un trait d'union :
twenty-one
fifty-five
ninety-nine

Dans les nombres supérieurs à 100, le dernier terme est précédé de *and* :
205 two hundred and five
3,425 three thousand four hundred and twenty-five

On utilise quelquefois les abréviations *m* pour *million* et *bn* pour *billion* :

5m	5 million	*5 millions*
6bn	6 billion	*6 milliards*

2. Dates

Les usages varient. Voici ce que préconise le manuel de style de *The Economist* : mois, jour, année, sans virgules. Noter aussi que la terminaison *(st, nd, rd, th)* ne s'écrit pas en exposant, mais au même niveau que le chiffre.
July 5th 1997
Monday January 3rd
July 1st—August 2nd 1997

Les siècles s'écrivent en chiffres arabes.

le XIXe *siècle*	the 19th century

3. Sommes d'argent

En chiffres, le symbole ($, £, etc.) doit obligatoirement précéder la somme :
$5 billion
£7
FFr8

En toutes lettres, les symboles ne s'utilisent jamais :

five billion dollars
seven pounds (sterling)
eight French francs

V. Usage britannique - Usage américain

GB		US
behaviour	*comportement*	behavior
colour	*couleur*	color
favour	*faveur*	favor
harbour	*port*	harbor
honour	*honneur*	honor
labour	*travail*	labor
neighbour	*voisin*	neighbor
vapour	*vapeur*	vapor
draught	*courant d'air*	draft
plough	*charrue*	plow
axe	*hache*	ax
analogue	*analogue*	analog
catalogue	*catalogue*	catalog
programme	*émission*	program
centre	*centre*	center
fibre	*fibre*	fiber
metre	*mètre*	meter
theatre	*théâtre*	theater
marvellous	*merveilleux*	marvelous
skilful	*habile*	skillful
tyre	*pneu*	tire
grey	*gris*	gray
sceptic ['skeptɪk]	*sceptique*	skeptic

GB		**US**
practise	*pratiquer*	practice
defence	*défense*	defense
offence	*délit*	offense
pretence	*prétexte*	pretense
jeopardise	*compromettre*	jeopardize
organise	*organiser*	organize
realise	*se rendre compte*	realize
recognise	*reconnaître*	recognize
analyse	*analyser*	analyze
paralyse	*paralyser*	paralyze

Les verbes en -EL accentués sur la première syllabe ne redoublent pas le -L en anglais américain, qui est ici plus logique que l'anglais britannique. Exemples :

'fuel	fueling	fueled	*alimenter*
'label	labeling	labeled	*étiqueter*
'level	leveling	leveled	*niveler*
'travel	traveling	traveled	*voyager*

2

Grammaire

Retenir

Les problèmes de grammaire les plus fréquents

Approfondir

Retenir

Les problèmes de grammaire les plus fréquents

I. Les fautes les plus fréquentes

1. Groupe nominal

Pour traduire…	**Ne dites pas…**	**Mais dites…**
l'homme	~~the man~~	man
la science	~~the science~~	science
la nature	~~the nature~~	nature
la productivité	~~the productivity~~	productivity
le racisme	~~the racism~~	racism
la société	~~the society~~	society
la société française	~~the French society~~	French society
l'espace	~~the space~~	space
le président Clinton	~~the President Clinton~~	President Clinton
la discrimination raciale	~~the racial discrimination~~	racial discrimination
l'économie	~~economy~~	the economy
l'environnement	~~environment~~	the environment
le monde	~~world~~	the world
la femme	~~the woman~~	women
les hommes et les femmes	~~the men and the women~~	men and women
les Français	~~the French people~~	the French
des Français	~~some French~~	French people
trois Français	~~three French~~	three Frenchmen
plus de SDF	~~more homeless~~	more homeless people
des conseils	~~advices~~	advice
C'était un bon conseil	~~It was a good advice~~	It was good advice
des informations	~~informations~~	information
des informations intéressantes	~~interesting informations~~	interesting information

Pour traduire…	**Ne dites pas…**	**Mais dites…**
tout le monde	~~every people~~	everybody
Tous les pays sont…	~~Every countries are…~~	Every country is…
les Etats-Unis	~~USA~~	the USA
Les Etats-Unis sont…	~~The USA are…~~	The USA is…
les jeunes	~~the youngs~~	young people
les preuves	~~the evidences~~	the evidence
C'est la preuve que…	~~This is the evidence that…~~	This is evidence that…
deux preuves	~~two evidences~~	two pieces of evidence
des progrès	~~progresses~~	progress
trouver un travail	~~find a work~~	find a job
un travail fatigant	~~a tiring work~~	tiring work / a tiring job
un peu d'argent	~~a few money~~	a little money
quelques dollars	~~a little dollars~~	a few dollars
quelques personnes	~~few people~~	a few people
peu de gens	~~a few people~~	few people
20 millions de personnes	~~20 millions of people~~	20 million people
la plupart des gens	~~most of people~~	most people
le monde entier	~~the all world~~	the whole world
sans voiture	~~without car~~	without a car
les autres pays	~~the others countries~~	other countries
les autres	~~the other~~	(the) others
un autre pays	~~an another country~~	another country
une de ses bonnes idées	~~one of her good idea~~	one of her good ideas
Il existe une ville…	~~It exists a city…~~	There exists / is a city…
Il existe 2 villes…	~~It exists 2 cities…~~	There exist / are 2 cities…
Il y a 5 km jusqu'au village	~~There is 5 km to the village~~	It is 5 km to the village
Il y a 5 ans que j'ai déménagé	~~There is 5 years since I moved~~	It is 5 years since I moved
moins de gens	~~less people~~	fewer people
le moins rentable	~~the less profitable~~	the least profitable
trop de gens	~~too much people~~	too many people
une personne de trop	~~one person too much~~	one person too many
un écart trop grand	~~a too wide gap~~	too wide a gap

Pour traduire…	**Ne dites pas…**	**Mais dites…**
C'est beaucoup trop sérieux	~~It is too much serious~~	It is much too serious
suffisamment grand	~~enough large~~	large enough
un homme aussi gentil	~~a so kind man~~	such a kind man
2 fois plus grand	~~2 times bigger~~	twice as big
3 fois plus grand	~~3 times bigger~~	3 times as big
2 fois moins grand	~~2 times less big~~	half as big
3 fois moins grand	~~3 times less big~~	a third as big
2 fois plus de voitures	~~twice more cars~~	twice as many cars
4 fois moins de voitures	~~4 times less cars~~	a quarter as many cars
la récente prospérité de l'Allemagne	~~the recent Germany's boom~~	Germany's recent boom
la croissance de l'Europe	~~the Europe's growth~~	Europe's growth
le problème de Cuba	~~the Cuba problem~~	Cuba's problem the Cuban problem
les immigrés d'aujourd'hui	~~the today immigrants~~ ~~nowadays' immigrants~~	today's immigrants immigrants nowadays
notre société d'aujourd'hui	~~our today's society~~	our society today
le mien et celui de mon voisin	~~mine and my neighbour's one~~	mine and my neighbour's
celui de Charles	~~the one of Charles~~	Charles's
les grandes puissances économiques	~~the economic great powers~~	the great economic powers
un système social très solide	~~a social system very strong~~	a very strong social system

2. Groupe verbal

Je pleure depuis qu'il est parti	~~I cry since he left~~	I've been crying since he left
Elle est sortie depuis 5 minutes	~~She is out since 5 minutes~~	She's been out for 5 minutes
Il a travaillé pendant 2 heures	~~He has worked for 2 hours~~	He worked for 2 hours

Pour traduire…	**Ne dites pas…**	**Mais dites…**
Il a travaillé pendant le week-end	~~He worked for the weekend~~	He worked during the weekend
Il a été écrit en 1993	~~It has been written in 1993~~	It was written in 1993
C'est la 1re fois que je vois ça	~~It's the first time I see this~~	It's the first time I've seen this
Nous ne devons pas oublier que…	~~We have not to forget that…~~	We shouldn't forget that…
Il est peut-être trop tôt…	~~It is maybe too early…~~	It may be too early…
Ils vivront peut-être…	~~They will maybe live…~~	They may live…
Avant, il passait tous les jours	~~Before, he called in everyday~~	He used to call in everyday
On a l'habitude de travailler	~~We are used to work~~	We are used to working
Ils sont devenus…	~~They are become~~…	They have become…
Je n'ai pas d'argent	~~I haven't money~~	I don't have any money I haven't got any money
Je ne voulais pas qu'il parte	~~I didn't want that he went~~	I didn't want him to go
Je souhaite qu'il parte	~~I wish that he goes~~	I wish he would go
Je regrette qu'il parte	~~I regret that he goes~~	I wish he wouldn't go
Je regrette qu'il soit parti	~~I regret that he went~~	I wish he hadn't gone
C'est juste qu'il parte	~~It's fair that he goes~~	It's fair that he should go
Il serait temps qu'il parte	~~It would be time that he goes~~	It's (high) time he went
Ils l'ont fait avouer	~~They made him to confess~~	They made him confess
On l'a fait avouer	~~He was made confess~~	He was made to confess
Cela l'a amené à démissionner	~~This obliged him~~ to resign	This caused him to resign
Il a fait voter les sénateurs	~~He made the senators to vote~~	He made the senators vote
Il a fait voter une loi	~~He made to vote a law~~	He had a bill passed
Il les a persuadés de la voter	~~He made them to vote it~~	He got them to pass it

3. Syntaxe

Pour traduire…	**Ne dites pas…**	**Mais dites…**
Peut-être qu'ils exagéraient	~~Perhaps did they exaggerate~~	Perhaps they were exaggerating
Peut-être vont-ils…	~~Perhaps will they…~~	Perhaps they will / They may…
les progrès que fait la science	~~the progress that is making science~~	the progress science is making
ce que veut dire l'auteur	~~what means the author~~	what the author means
Non seulement ils possédaient…	~~Not only they had…~~	Not only did they have…
On voit tous les jours à la télé...	~~We can see everyday on TV…~~	Everyday on TV we can see…
Le pays n'est pas aujourd'hui...	~~The country isn't nowadays…~~	The country nowadays isn't…
Il fait ici une allusion à…	~~He makes here an allusion to…~~	Here he's alluding to…
Ils ont déjà du mal à faire…	~~They have already trouble to do…~~	They already have trouble doing…
Ils n'ont qu'à traverser…	~~They have just to cross…~~	They just have to cross…
Ils habitent souvent des taudis	~~They live often in slums~~	They often live in slums
Ils n'aiment pas trop l'action	~~They do not like so much action~~	They do not like action so much
Elle connaît très bien le sujet	~~She knows very well this topic~~	She knows this topic very well
Tout le monde ne sait pas cela	~~Everybody doesn't know this~~	Not everybody knows this
Moi aussi, j'aime le chocolat	~~I like too chocolate~~	I too like chocolate
Ils ont eux aussi des problèmes	~~They have also problems~~	They too have problems
J'aime (…) et j'aime aussi le vin	~~…and I like also wine~~	…and I also like wine
Il dit aussi que…	~~He says too that…~~	He also says that…
Ils ne sont pas contents non plus	~~They are not happy too~~	They are not happy either
Le ski, c'est super	~~Skiing, it is super~~	Skiing is fun

Pour traduire…	**Ne dites pas…**	**Mais dites…**
les trois premiers jours	~~the three first days~~	the first three days
les deux derniers paragraphes	~~the two last paragraphs~~	the last two paragraphs
Pourtant, ce n'est pas facile	~~Though, it's not easy~~	It's not easy, though
Les prix ont cependant chuté	~~Prices yet dropped~~	Yet prices dropped
Malgré l'augmentation…	~~Despite of the rise…~~	In spite of / Despite the rise…
Bien que les prix aient chuté…	~~Despite that prices dropped…~~	Although prices dropped… Though prices dropped…
le jour où	~~the day where~~	the day when
Comment appelle-t-on cela ?	~~How do you call that?~~	What do you call that?
un pays qui	~~a country who~~	a country which
tout ce qui	~~all what~~	all that
ce que je sais	~~which I know~~	what I know
Il est revenu, ce que j'ignorais	~~He's back, what I didn't know~~	He's back, which I didn't know
comme en 1945	~~like in 1945~~	as in 1945
Il travaille comme ingénieur	~~He works like an engineer~~	He works as an engineer
Il a travaillé comme un fou	~~He worked as a madman~~	He worked like mad
des animaux comme les chats	~~animals as cats~~	animals such as cats / like cats
Comme l'auteur le disait…	~~As the author said it…~~	As the author said…
Comme on s'y attendait…	~~Like it was expected…~~	As was expected…
Je vais vous expliquer…	~~I'm going to explain to you…~~	I'll explain…
le même que	~~the same than~~	the same as
Je suis du même avis que…	~~I'm of the same opinion than…~~	I'm of the same opinion as…
autre chose que	~~something else that~~	something else than
d'autant plus grand que	~~all the more big that~~	all the bigger as
d'autant plus que	~~all the more that~~	all the more so as
Il ne l'aime plus	~~He no more loves her~~	He doesn't love her anymore

Pour traduire…	**Ne dites pas…**	**Mais dites…**
en même temps	~~in the same time~~	at the same time
la raison de	~~the reason of~~	the reason for
la demande de biens	~~the demand of goods~~	demand for goods
le besoin d'action	~~the need of action~~	the need for action
responsable de	~~responsible of~~	responsible for
loin d'être suffisant	~~far to be sufficient~~	far from (being) sufficient
être intéressé par	~~be interested by~~	be interested in
prendre part à	~~take part to~~	take part in
l'augmentation des prix	~~the increase of prices~~	the increase in prices
être effrayé par	~~be afraid by~~	be afraid of
penser à	~~think to~~	think of
être capable de faire qqch	~~be capable to do sth~~	be capable of doing sth
ça nous rappelle qqch	~~it reminds us sth~~	it reminds us of sth
dépendre de	~~depend from~~	depend on
les clés de la réussite	~~the keys of success~~	the keys to success
la solution du problème	~~the solution of the problem~~	the solution to the problem
il y a une raison à cela	~~there is a reason of this~~	there is a reason to this
près de	~~near from~~	near
changer de métier	~~change of job~~	change one's job
changer de couleur	~~change of colour~~	change colour

<u>Prépositions : les oppositions à retenir</u>

Je l'ai vu au cinéma	I saw him at the cinema
On est allé au cinéma	We went to the cinema
Je l'ai rencontrée chez le boucher	I met her at the butcher's
Je suis allé chez le boucher	I went to the butcher's
J'étais à l'école avec sa sœur	I was at school with his sister
Il est allé en fac de médecine	He went to medical school

Je suis à mon travail toute la journée	I am at work all day long
Je vais à mon travail tous les matins	I go to work every morning
J'ai passé trois semaines en Ecosse	I spent three weeks in Scotland
Je suis allé trois fois en Ecosse	I've been to Scotland three times
Nous sommes arrivés à Londres	We arrived in London
Nous sommes arrivés à l'aéroport	We arrived at the airport
Nous sommes rentrés juste à temps	We got back just in time
Je suis toujours à l'heure	I'm always on time
un sur quatre	one in four
9 fois sur 10	9 times out of 10
à la fin du texte	at the end of the text
à la fin (= à la longue)	in the end

II. Les verbes irréguliers

Nous les classerons en 4 groupes :

Type A-A-A (Ex : cut - cut - cut)
Type A-B-B (Ex : hold - held - held)
Type A-B-C (Ex : grow - grew - grown)
Verbes atypiques

A l'intérieur de chaque groupe, les verbes sont regroupés selon leur prononciation, afin de faciliter la mémorisation et de faire mieux ressortir les irrégularités orthographiques (en gras).
Certains verbes peuvent être réguliers ou irréguliers. Ils sont soulignés.
Ex : <u>light</u> - lit - lit *ou bien* light - lighted - lighted.

1. Type A-A-A

► [ɑː] **car**

cast	cast	cast	*jeter*

► [e] **bed**

<u>bet</u>	bet	bet	*parier*
let	let	let	*laisser*

set	set	set	*poser*
shed	shed	shed	*verser*
spread	spread	spread	*étaler*

▶ [ɪ] **sit**

bid	bid	bid *(US)*	*commander*
hit	hit	hit	*frapper*
knit	knit	knit	*tricoter*
quit	quit	quit	*cesser*
rid... of	rid	rid	*débarrasser... de*
slit	slit	slit	*inciser*
split	split	split	*fendre*

▶ [ʌ] **cut**

cut	cut	cut	*couper*
shut	shut	shut	*fermer*
thrust	thrust	thrust	*pousser*

▶ [ɒ] **pot**

cost	cost	cost	*coûter*

▶ [ʊ] **full**

put	put	put	*mettre*

▶ [ɜː] **term**

burst	burst	burst	*éclater*
hurt	hurt	hurt	*faire mal*

2. Type A-B-B

Seul le son vocalique change

▶ **Son** [æ] **au passé**

sit	sat	sat	*être assis*
spit	spat	spat	*cracher*

▶ **Son** [e] **au passé**

behold	beheld	beheld	*contempler*
hold	held	held	*tenir*
bleed	bled	bled	*saigner*
breed	bred	bred	*élever*
feed	fed	fed	*nourrir*
speed	sped	sped	*foncer*
meet	met	met	*rencontrer*

GRAMMAIRE

lead	led	led	*conduire*
read	**read**	**read**	*lire*

▶ **Son [ɪ] au passé**

slide	slid	slid	*glisser*
light	lit	lit	*allumer*

▶ **Son [ʌ] au passé**

hang	hung	hung	*suspendre*[1]
strike	struck	struck	*frapper*
dig	dug	dug	*creuser*
stick	stuck	stuck	*coller*
spin	spun	spun	*filer (laine)*
win	**won**	**won**	*gagner*
cling	clung	clung	*s'accrocher*
fling	flung	flung	*lancer*
sling	slung	slung	*lancer*
sting	stung	stung	*piquer (dard)*
string	strung	strung	*enfiler (perles)*
swing	swung	swung	*(se) balancer*
wring	wrung	wrung	*tordre*
slink(out)	slunk	slunk	*s'éclipser*

▶ **Son [ɒ] au passé**

get	got	got *(GB)*	*obtenir*
shine	shone	shone	*briller*
shoot	shot	shot	*tirer*

▶ **Son [ɔː] au passé**

fight	fought	fought	*se battre*

▶ **Son [aʊ] au passé**

bind	bound	bound	*lier*
find	found	found	*trouver*

[1] Ne pas confondre *hang, hung, hung* avec *hang, -ed* : pendre (quelqu'un).

grind	ground	ground	*moudre*
wind	wound	wound	*tourner (manivelle)*

Seul le son final change

▶ **Son** [æ]

have	had	had	*avoir*

▶ **Son** [eɪ]

make	made	made	*faire*
lay	**laid**	**laid**	*poser*
pay	**paid**	**paid**	*payer*

▶ **Son** [e]

bend	bent	bent	*courber*
dwell	dwelt	dwelt	*habiter*
lend	lent	lent	*prêter*
send	sent	sent	*envoyer*
spend	spent	spent	*dépenser*
spell	spelt	spelt	*épeler*

▶ **Son** [ɜː]

burn	burnt	burnt	*brûler*
learn	learnt	learnt	*apprendre*

▶ **Son** [ɪ]

build	built	built	*construire*
spill	spilt	spilt	*répandre*

▶ **Son** [ɔɪ]

spoil	spoilt	spoilt	*gâter*

Changement du son vocalique et de la finale

▶ **Son** [e] **au passé**

flee	fled	fled	*fuir*
say	**said**	**said**	*dire*
feel	felt	felt	*sentir*
kneel	knelt	knelt	*s'agenouiller*

GRAMMAIRE

bereave	bereft	bereft	*déposséder*
leave	left	left	*quitter*
deal	dealt	dealt	*distribuer*
dream	dreamt	dreamt	*rêver*
lean	leant	leant	*se pencher*
leap	leapt	leapt	*bondir*
mean	meant	meant	*signifier*
creep	crept	crept	*ramper*
keep	kept	kept	*garder*
sleep	slept	slept	*dormir*
sweep	swept	swept	*balayer*
weep	wept	wept	*pleurer*

▶ **Son [ɒ] au passé**

lose[1]	lost	lost	*perdre*

▶ **Son [ʊ] au passé**

stand	stood	stood	*se tenir*
understand	understood	understood	*comprendre*

▶ **Son [ɔː] au passé**

bring	brought	brought	*apporter*
buy	bought	bought	*acheter*
seek	sought	sought	*chercher*
think	thought	thought	*penser*
catch	caught	caught	*attraper*
teach	taught	taught	*enseigner*

▶ **Son [ɜː] au passé**

hear	heard	heard	*entendre*

▶ **Son [əʊ] au passé**

sell	sold	sold	*vendre*
tell	told	told	*dire*

[1] Ne pas confondre *lose* [luːz] avec *loose* [luːs] (Adj) et *chose* [tʃəʊz], prétérit de *choose*.

3. Type A-B-C

Cas particuliers

be	was/were	been	*être*
go	went	gone	*aller*

Autres cas

▶ **Prétérit en [æ]**

bid	bade	bidden	*commander*
forbid	forbade	forbidden	*interdire*
begin	began	begun	*commencer*
drink	drank	drunk	*boire*
ring	rang	rung	*sonner*
shrink	shrank	shrunk	*rétrécir*
sing	sang	sung	*chanter*
sink	sank	sunk	*couler (bateau)*
spring	sprang	sprung	*bondir*
stink	stank	stunk	*puer*
swim	swam	swum	*nager*

▶ **Prétérit en [e]**

eat	**ate**	eaten	*manger*
fall	fell	fallen	*tomber*

▶ **Prétérit en [ɪ]**

bite	bit	bit(ten)	*mordre*
chide	chid	chid(den)	*gronder*
hide	hid	hid(den)	*(se) cacher*

▶ **Prétérit en [ɒ]**

forget	forgot	forgotten	*oublier*
get	got	gotten*(US)*	*obtenir*
tread	trod	trodden	*marcher sur*

▶ **Prétérit en [ʊ]**

forsake	forsook	forsaken	*abandonner*
shake	shook	shaken	*agiter*
take	took	taken	*prendre*

▶ **Prétérit en [ɔː]**

see	saw	seen	*voir*

GRAMMAIRE

bear	bore	**borne**[1]	*porter*
swear	swore	sworn	*jurer*
tear	tore	torn	*déchirer*
wear	wore	worn	*porter*

▶ **Prétérit en [uː]**

slay	slew	slain	*tuer*
draw	drew	drawn	*dessiner*
withdraw	withdrew	withdrawn	*(se) retirer*
fly[2]	flew	flown	*voler*
grow	grew	grown	*grandir*
know	knew	known	*savoir*
throw	threw	thrown	*jeter*

▶ **Prétérit en [eɪ]**

lie[3]	lay	lain	*être couché*
forgive	forgave	forgiven	*pardonner*
give	gave	given	*donner*

▶ **Prétérit en [əʊ]**

awake	awoke	awoken	*(s')éveiller*
break	broke	broken	*casser*
wake	woke	woken	*réveiller*
cleave	clove	cloven / cleft	*fendre en deux*
speak	spoke	spoken	*parler*
weave	wove	woven	*tisser*
choose	chose	chosen	*choisir*
arise	arose	arisen	*survenir*
drive	drove	driven	*conduire*
ride	rode	ridden	*chevaucher*
rise	rose	risen	*s'élever*
smite	smote	smitten	*frapper*
stride	strode	stridden	*marcher à grands pas*
strive	strove	striven	*s'efforcer*

1 Ne pas confondre *borne* avec *be born* : naître.

2 Ne pas confondre *fly* avec *flow, -ed* : couler.

3 Ne pas confondre *lie* avec *lay, laid, laid* : poser.

thrive	throve	thriven	*prospérer*
write	wrote	written	*écrire*

4. Verbes atypiques

Type A-A-B

beat	beat	beaten	*battre*

Type A-B-A

become	became	become	*devenir*
come	came	come	*venir*
run	ran	run	*courir*

Les semi-réguliers

▶ [əʊ] **aux trois temps**

mow	mowed	mown	*tondre*
sew	**sewed**	**sewn**	*coudre*
show	showed	shown	*montrer*
sow	sowed	sown	*semer*

▶ **Divers**

hew	hewed	hewn	*tailler*
saw	sawed	sawn	*scier*
shave	shaved	shaven	*se raser*
shear	sheared	shorn	*tondre*
strew	strewed	strewn	*répandre*
swell	swelled	swollen	*enfler*

Approfondir

I. Groupe nominal

1. Singulier ou pluriel ?

<u>Cas où le français est trompeur</u>

▶ Nom singulier en français / pluriel en anglais

un pantalon	(a pair of) trousers
un jean	(a pair of) jeans
un short	(a pair of) shorts
un bermuda	(a pair of) bermudas
une salopette	(a pair of) dungarees
un pyjama	(a pair of) pyjamas
un collant	(a pair of) tights
une petite culotte	panties
un slip	briefs
2 slips	2 pairs of briefs
du raisin	grapes (a grape = *un grain de raisin*)
la douane	the customs (a custom = *une coutume*)
la richesse	riches
un escalier	(a flight of) stairs
une grille	railings
un siège social	headquarters

▶ Nom pluriel en français / singulier en anglais

des bagages	baggage / luggage
des capitaux	capital
des cheveux	hair (*mais* hairs = *des poils*)
des connaissances	knowledge
des conseils	advice

des déchets	waste
des ennuis	trouble
des meubles	furniture
des preuves	evidence
des progrès	progress
des renseignements	information
des soins médicaux	healthcare
des résultats scolaires	an academic performance
des soldes	a sale
des vacances	a holiday / a vacation
les arguments pour…	the case for…
les Etats-Unis sont…	the United States is…
les Pays-Bas sont…	the Netherlands is…

▶ **La ressemblance avec le français est incomplète**

des marchandises	goods
une marchandise	a commodity
des vêtements	clothes
un vêtement	a garment / an item of clothing

<u>Cas où l'anglais est trompeur</u>

▶ **Le singulier est suivi d'un verbe au pluriel (lorsqu'on considère l'aspect collectif)**

<u>Verbe presque toujours au pluriel</u>

police	*police*

<u>Verbe souvent au pluriel</u>

team	*équipe* (England have won…)
family	*famille*
couple	*couple*
crowd	*foule*
crew	*équipage*
class	*classe*
staff	*personnel*

<u>Verbe quelquefois au pluriel</u>

government	*gouvernement*

GRAMMAIRE

Cas particulier

Les composés de SOME, ANY, EVERY et NO sont suivis d'un verbe au singulier, mais de pronoms et d'adjectifs possessifs au pluriel :
Someone offered their help.
If anybody wants to come, bring them along.
Everybody's here, aren't they ?

▶ **Le pluriel est suivi d'un verbe au singulier**

athletics	*l'athlétisme*
economics	*les sciences économiques*
electronics	*l'électronique*
gymnastics	*la gymnastique*
mathematics	*les mathématiques*
physics	*la physique*
news	*des nouvelles*
billiards	*le billard*
the barracks	*la caserne*
Ten million dollars is a lot of money	*Dix millions de dollars, cela fait beaucoup d'argent*
Twenty miles is a long way to walk	*Vingt miles à pied, c'est long*

Cas particulier

Sont souvent construits au pluriel :

politics	*la politique*
tactics	*la tactique*

▶ **Le -S final indique indifféremment un singulier ou un pluriel**

one / two crossroads	*un / deux carrefour(s)*
one / two means	*un / deux moyen(s)*
one / two series	*une / deux série(s)*
one / two species	*une / deux espèce(s)*

▶ **Le pluriel ne se forme pas avec -S**

-a / -ae		
alga	algae	*algue(s)*
antenna	antennae	*antenne(s)*
-um /-a		
datum *(rare)*	data	*données*
medium	media	*média(s)*
-us / -i		
fungus	fungi	*champignon(s)*
magus	magi	*mage(s)*
-on /-a		
criterion	criteria	*critère(s)*
phenomenon	phenomena	*phénomène(s)*

-oo- / -ee-

foot	feet	*pied(s)*
goose	geese	*oie(s)*
tooth	teeth	*dent(s)*

-ouse / -ice

louse	lice	*pou(x)*
mouse	mice	*souris*

Autres cas

die	dice	*dé(s)*
child	children	*enfant(s)*
ox	oxen	*bœuf(s)*
analysis	analyses	*analyse(s)*
crisis	crises	*crise(s)*
index	indices	*indice(s) (Economie)*

▶ **Le nom est invariable (ne prend pas de -S au pluriel)**

aircraft	*appareil (aérien)*
deer	*cerf (ainsi que tous les noms de gibier)*
fish[1]	*poisson (ainsi que tous les noms de poissons)*
Portuguese	*Portugais (ainsi que tous les noms de nationalité en* -ese*)*
sheep	*mouton*
Swiss	*Suisse*

▶ **Cas particulier**

people *(Pl)*	*des gens*
a people	*un peuple*
peoples	*des peuples*

2. Les articles

L'article zéro

▶ **Noms propres**

Titres officiels

President Clinton
U.S. Representative Newt Gingrich
Queen Elizabeth
British Prime Minister John Major
Pope John Paul II
Cardinal Lustiger

Noms de pays

France	Belgium
Germany	Italy, etc.

[1] Ne pas confondre *two fish* (deux poissons) et *two fishes* (deux espèces de poissons).

Noms géographiques

Mount McKinley
Mount Everest

Lake Geneva
Lake Erie

Cape Horn
Cape Cod

Noms de lieux

Capitol Hill
Westminster
Westminster Abbey
Salisbury Cathedral
Buckingham Palace

▶ **Noms communs**

Les noms concrets indénombrables :

bread
money
snow
water
wine
wood, etc.

Mais aussi :

fruit	*des fruits*
furniture	*des meubles*
hair	*des cheveux*
luggage	*des bagages*
waste	*des déchets*

Les noms abstraits :

fear
pride
sadness, etc.
change
eternity
impossibility, etc.

Mais aussi :

advice	*des conseils*
evidence	*des preuves*
information	*des renseignements*

progress	*des progrès*
trouble	*des ennuis*

Et aussi :

breakfast	*le petit déjeuner*
lunch	*le déjeuner*
man	*l'homme*
nature	*la nature*
science	*la science*
society	*la société*
space	*l'espace*

Et enfin :

go to school	*aller à l'école (être scolarisé)*
go to hospital	*aller à l'hôpital (se faire hospitaliser)*
go to prison	*aller en prison (être incarcéré)*

Sans oublier le pluriel plus ou moins généralisateur :

cars	*les/des voitures*

L'article THE

▶ **Noms propres**

Titres officiels

Prennent rarement l'article :

the Reverend Jesse Jackson — the Emperor Napoleon

Noms de pays

the United States — the Netherlands
the United Kingdom — the former Soviet Union

Noms géographiques

the Seine — the Atlantic (Ocean)
the Thames — the Alps
the North Sea — the Himalayas

Noms de lieux

Prennent rarement l'article :
the White House

▶ **Noms communs**

Les dénombrables :
the / a chair
the / a car, etc.

Mais aussi :

the cosmos
the economy

the environment
the moon
the sun
the world

▶ **Adjectifs substantivés**

the homeless	*les SDF*
the poor	*les pauvres*
the dead	*les morts*
the French	*les Français*

N.B. On désigne à chaque fois l'ensemble des SDF, des pauvres, etc. On ne peut donc dire **3 poor,* mais *3 poor people.*

▶ **Influence du contexte**

Tout nom peut prendre l'article THE dans certaines conditions.

<u>Détermination</u>

the America we love	*l'Amérique que nous aimons*
the joy he felt	*la joie qu'il ressentait*
the Reagan of the Fifties	*le Reagan des années 50*

N.B. La présence d'un adjectif ne suffit pas à imposer l'article. On ne dira pas **the French society,* mais *French society.*

<u>Rappel</u>

L'article THE signifie souvent que le nom a déjà été prononcé, ou qu'il renvoie à quelque chose de déjà vu.
A deal was signed on Monday… The deal… *Un accord a été signé lundi… Cet accord…*
I just can't paint the kitchen. I haven't got the energy *Je ne peux vraiment pas repeindre la cuisine. Je n'en ai pas la force.*

<u>L'article A</u>

▶ **Emplois particuliers**

L'anglais utilise quelquefois l'article là où le français l'omet :

Il est chauffeur de taxi	He's a taxi driver
John, chauffeur de taxi,…	John, a taxi driver,…
sans manteau	without a coat

▶ **Place**

Associé à certains déterminants, l'article A ne se place pas en tête du groupe nominal. Voici les cas les plus fréquents.

Type " such a big house "

such a house	*une telle maison*
such a big house	*une maison aussi grande*
many a time	*maintes fois*
quite a sight	*un spectacle inhabituel*
quite a good singer	*un assez bon chanteur*
What a pity!	*Quel dommage !*
What a huge house!	*Quelle maison immense !*

Type " too big a house "

too big a house	*une maison trop grande*
so big a house	*une maison aussi grande*
How influential a figure is he?	*Quelle est son degré d'influence ?*

Type "too much of a problem"

That shouldn't be too much of a problem	*Cela ne devrait pas être trop problématique*

3. Les adjectifs

Adjectifs épithètes : à droite ou à gauche du nom ?

▶ **A gauche**

Les adjectifs épithètes se placent le plus souvent avant le nom (donc à gauche).

une maison neuve	a new house
une perte importante	a heavy loss
un changement spectaculaire	a dramatic change

▶ **A droite**

Certains adjectifs en -ABLE et -IBLE

J'ai peu de temps disponible	I have little time available
Je voudrais voir le responsable	I'd like to see the person responsible

Adjectifs suivis d'un complément

toute femme intéressée par l'argent	any woman interested in money
un homme avide de promotion	a man anxious for promotion
un père conscient de ses responsabilités	a father conscious of his responsibilities

Après les composés de SOME, ANY, NO et EVERY

something interesting
anywhere nice
nothing useful
everything possible

Expressions figées

Secrétaire général	Secretary General
Ministre de la Justice (US)	Attorney General

Ministre de la Santé (US)	Surgeon General
cour martiale	court martial
Dieu Tout-puissant	God Almighty

Ordre des adjectifs épithètes

▶ Du subjectif à l'objectif

Si l'on utilise plusieurs adjectifs épithètes à gauche du nom, il faut distinguer ceux qui rendent compte de faits objectifs (taille, âge, nationalité, etc.) de ceux qui renvoient à des opinions (beauté, confort, cherté, etc.). Les adjectifs exprimant une opinion précèdent toujours ceux qui expriment des faits.

	Subjectif	**Objectif**
a	handsome	young man
a	nasty	little boy
an	expensive	social programme
a	lovely	old lady

N.B. La taille et la longueur précèdent la forme et la largeur :

a long thin face
a big oval table

▶ Du particulier au général

un foulard en soie	a silk scarf
un foulard en soie de chez Dior	a Dior silk scarf
un foulard en soie à fleurs de chez Dior	a flowered Dior silk scarf

▶ Du plus court au plus long

Les règles précédentes ne s'appliquent plus si un adjectif de 3 syllabes est suivi d'un monosyllabique. On ne peut pas dire :

* an unpleasant cold evening
* an expensive long holiday
Il faut dire :
a cold unpleasant evening
a long expensive holiday

Cas particuliers

▶ Adjectifs ne pouvant être qu'épithètes

Adjectifs composés (Ex : long-legged)

elder	*aîné, le plus âgé des deux*
eldest	*aîné, le plus âgé de trois ou plus*
little	

mere	a mere coincidence *une simple coïncidence*
sheer	sheer madness *pure folie*
utter	with utter conviction *avec une absolue conviction*

▶ Adjectifs ne pouvant être qu'attributs

afloat	*à flot*	≠	a floating tree-trunk
afraid	*effrayé*	≠	a frightened boy
alike	*semblable*	≠	two similar situations
alive	*vivant*	≠	a living man / a live fish
alone	*seul*	≠	only one man / a single man
asleep	*endormi*	≠	a sleeping child
awake	*éveillé*	≠	a waking man
ill	*malade*	≠	a sick person
well	*bien portant*	≠	a healthy person

N.B. On ne peut utiliser VERY devant les adjectifs en A-. On dira :

all alone
fast asleep
quite afraid
wide awake

▶ Adjectifs qui changent de sens selon qu'ils sont épithètes ou attributs

<u>bare</u>

Au sens de “ nu ”, il s'emploie indifféremment comme épithète ou attribut :

He did it with his bare hands	*Il l'a fait à mains nues*
The body was bare	*Le corps était nu*

Dans son sens restrictif, il ne peut être qu'épithète :

the bare minimum	*le strict nécessaire*
a bare 2%	*seulement 2%*

<u>bloody</u>

Au sens de “ sanglant ”, il s'emploie indifféremment comme épithète ou attribut :

a bloody battle	*une bataille sanglante*
The battle was bloody	*La bataille fut sanglante*

Dans son sens d'explétif, il ne peut être qu'épithète :

You bloody fool!	*Espèce de con !*

<u>live</u>

La plupart du temps, il s'emploie indifféremment comme épithète ou attribut :

a live wire	*un câble électrique sous tension*
the wire was live	*le câble était sous tension*

a live concert	*un concert en direct*
The concert is live from…	*Le concert est retransmis en direct de…*

Au sens de " vivant ", il ne peut être qu'épithète :

a live bird	*un oiseau vivant*

<u>present</u>

En position d'épithète, il a un sens temporel :

the present system	*le système actuel*

En position d'attribut, il a un sens spatial :

the people (who are) present	*les présents*

<u>proper</u>

Au sens de " convenable ", il s'emploie indifféremment comme épithète ou attribut :

use the proper word	*utiliser le mot qui convient*
have a proper job	*avoir un métier convenable*
That wasn't proper	*Ce n'était pas convenable*

Au sens de " proprement dit ", il se place à droite du nom :

the village proper	*le village proprement dit*

<u>Noms utilisés comme adjectifs</u>

▶ **Règle générale**

Un nom utilisé comme adjectif est au singulier, même s'il a un sens pluriel :

an apple pie	*une tarte aux pommes*
a car salesman	*un vendeur de voitures*
a ten-pound note	*un billet de dix livres*
a two-liter bottle	*une bouteille de deux litres*
a five-penny stamp	*un timbre de cinq pence*

▶ **Exceptions**

a communications satellite	*un satellite de communication*
a sports car	*une voiture de sport*
a clothes shop	*un magasin de vêtements*
a customs officer	*un douanier*
an arms trafficker	*un trafiquant d'armes*
the accounts department	*le service de la comptabilité*
a goods train	*un train de marchandises*

Quand *man* et *woman* qualifient un nom singulier, ils restent au singulier. Au pluriel, ils deviennent pluriels :

a woman driver	*une conductrice*
women drivers	*des conductrices*

a man driver	*un conducteur*
men drivers	*des conducteurs*

Utilisation de AND dans une série d'adjectifs

▶ Série d'adjectifs épithètes

AND n'est pas nécessaire, sauf entre deux adjectifs appartenant au même domaine :

a tall, blonde, Swedish girl
a black and white dress
a glass and steel pyramid

▶ Série d'adjectifs attributs

AND est obligatoire entre l'avant-dernier et le dernier adjectif de la série.

4. Le complément de nom

Il y a 3 constructions possibles :

N1 of N2	a proof of solidarity	*une preuve de solidarité*
N2's N1	the president's advisers	*les conseillers du président*
N2 N1	the healthcare policy	*la politique de santé*

N1 of N2

▶ Emploi obligatoire

Si N1 est quantificateur

a pinch of salt	*une pincée de sel*
a slice of cake	*une part de gâteau*
a series of stories	*une série d'histoires*
the greatest part of the city	*la plus grande partie de la ville*
two thousand tons of wheat	*deux mille tonnes de blé*
thousands of Americans	*des milliers d'Américains*

N.B. Ne pas confondre avec les adjectifs numéraux :

two thousand Americans	*deux mille Américains*

Si N2 est adjectif substantivé

the hopes of the young	*les espoirs des jeunes*
the money of the rich	*l'argent des riches*
the plight of the poor	*le malheur des pauvres*

Si N2 est un nom abstrait

The City of Joy	*La cité de la joie*
the pursuit of happiness	*la recherche du bonheur*
the Statue of Liberty	*la Statue de la Liberté*

Si N2 est suivi d'un complément

the wife of the man in the first row	*la femme de l'homme assis au premier rang*

Noter le caractère absurde de la construction N2's N1 :

*the man's wife in the first row / *the man in the first row's wife

▶ **Emploi interdit**

Si la relation N1 - N2 est évidente :

John's daughter	*la fille de John*
Mike's car	*la voiture de Mike*

N2's N1

▶ **Emploi obligatoire**

Si N2 est un nom propre

Clinton's intervention	*l'intervention de Clinton*
East Africa's uplands	*les hauts plateaux d'Afrique orientale*

Si N2 est un nom commun de personne

the manager's wife	*la femme du patron*
the general's decision	*la décision du général*
his client's success	*la réussite de son client*

Si N2 est un nom ayant rapport à l'activité humaine

the dollar's fall	*la chute du dollar*
the company's success	*la réussite de l'entreprise*
the government's future	*l'avenir du gouvernement*
the plan's importance	*l'importance du projet*

Si N2 est une date

today's weather	*le temps qu'il fait aujourd'hui*
next week's programme	*le programme de la semaine prochaine*

Cas particulier

La relation N2 - N1 peut se traduire par " produit par (un animal) " ou " utilisé par " :

lamb's wool	*laine d'agneau*
cow's milk	*lait de vache*
a hen's egg	*un œuf de poule*
a woman's hat	*un chapeau de dame*
a policeman's uniform	*un uniforme d'agent de police*
a children's hospital	*un hôpital d'enfants*
the men's department	*le rayon hommes*

▶ **Emploi possible**

Si N2 exprime la durée ou la distance :

a three weeks' holiday	*trois semaines de vacances*
a five miles' walk	*une marche de cinq miles*

▶ **Emploi interdit**

Si N1 = N2 : on ne peut pas dire **New York's city*. On dira :

the city of New York / New York City

N2 N1

▶ **Emploi obligatoire**

Si N2 sert à qualifier N1, N2 joue alors le rôle d'un adjectif, comme en témoigne souvent la traduction en français :

an iron bridge	*un pont métallique*
a world war	*une guerre mondiale*
a detective story	*un roman policier*
N2 localise N1	
Salisbury cathedral	*la cathédrale de Salisbury*
a bedside table	*une table de chevet*
garden furniture	*du mobilier de jardin*
N2 situe N1 dans le temps	
early-morning tea	*la première tasse de thé*
evening classes	*les cours du soir*
summer camp	*colonie de vacances*
N2 précise la fonction de N1	
peace talks	*pourparlers de paix*
ski equipment	*matériel de ski*
car keys	*clés de voiture*
N2 précise la nature de N1	
leather jacket	*blouson de cuir*
chocolate cake	*gâteau au chocolat*
horror film	*film d'horreur*
N1 est une partie de N2	
bedroom window	*fenêtre de chambre*
shirt collar	*col de chemise*
book cover	*couverture de livre*

▶ **Emploi possible**

Si N2 exprime la durée ou la distance :

a three-week holiday	*trois semaines de vacances*
a five-mile walk	*une marche de cinq miles*

GRAMMAIRE

Confusions à éviter

a wine glass	*un verre à vin*	≠	a glass of wine	*un verre de vin*
a Sunday paper	*un journal du dimanche*	≠	Sunday's paper	*le journal de dimanche*
a car engine	*un moteur de voiture*	≠	the car's engine	*le moteur de la voiture*
women writers	*les femmes écrivains*	≠	women's magazines	*les magazines féminins*

II. Groupe verbal

1. Principales confusions sur les temps

Présent et parfait

On les confond surtout parce que le présent français se traduit tantôt par un présent, tantôt par un parfait :

Je connais cet homme	I know this man
Je le connais depuis mon enfance	I've known him since I was a child
Depuis combien de temps le connais-tu ?	How long have you known him?

Le parfait (suivi de FOR ou de SINCE) exprime une action à la fois passée et présente. Ce n'est donc pas un temps du passé.

Prétérit et parfait

Le prétérit est le temps du passé révolu. On l'utilise chaque fois qu'il y a eu une coupure entre l'événement évoqué et le présent :

Lundi, ma voiture est tombée en panne On Monday my car broke down

Il n'est pas nécessaire d'avoir un complément de temps dans la phrase pour que le prétérit apparaisse :

— *Tu es en retard.*	" You're late. "
— *Ma voiture est tombée en panne.*	" My car broke down. "

N.B. Ne pas utiliser le présent de narration (ou présent historique) en anglais, mais le prétérit :

En 1515, le roi gagne la bataille de Marignan	In 1515 the king won the battle of Marignano

Le parfait ne s'utilisera que s'il y a un lien avec le présent :

J'ai fait mon travail (= Il est fini)	I've done my work
Je suis allé en Angleterre (= Je connais ce pays)	I've been to England
J'ai déjà eu la grippe (" déjà " = bilan actuel)	I've already had the flu

Les deux présents

Il n'y a qu'un présent en français contre deux en anglais :

Il habite Paris	He lives in Paris He's living in Paris

La forme simple *(live)* est objective. Elle livre une information brute.

La forme composée *(is living)* traduit l'opinion ou le commentaire de celui qui parle :

— *Il connaît tous les musées de Paris.*	" He knows all the museums in Paris. "
— *Oui, mais il faut dire qu'il y habite.*	" Yes, but then he's living there. "

Certaines drogues sont très dangereuses. Je pense à l'héroïne...
Some drugs are very dangerous. I'm thinking of heroin...

La forme composée est également obligatoire quand l'information est déjà connue :

Etant donné qu'il habite Paris...	As he's living in Paris...

Enfin, la forme composée est obligatoire quand le verbe est répété dans la même phrase (à des fins d'explication) :

Quand on boit du champagne, on ne fait pas que boire du vin : on fête aussi quelque chose
When you drink champagne, you're not only drinking wine: you're also celebrating.

Les deux prétérits

Il y a deux temps en français (passé composé / passé simple et imparfait), et lorsqu'ils coexistent dans la même phrase, ils correspondent exactement aux deux prétérits anglais :

Je lisais mon journal quand on a sonné	I was reading my paper when the phone rang
J'ai cru que tu plaisantais	I thought you were joking

La difficulté est de ne pas traduire systématiquement les imparfaits français par des prétérits -ING :

J'habitais Paris	I lived in Paris
Enfant, il croyait au Père Noël	As a child, he believed in Santa Claus

Si l'imparfait français ne traduit pas une opinion ou un commentaire du locuteur (voir ci-dessus), on le traduira donc par un prétérit simple.

GRAMMAIRE

Les deux parfaits

Les deux parfaits expriment une idée de résultat. Mais si le parfait simple (comme tous les temps simples) ne contient aucun commentaire, ce n'est pas le cas de la forme composée :

J'ai fait mon travail	I've done my work
Je travaillais (voilà pourquoi je suis en retard)	I've been working
J'ai assez bu	I've drunk enough
Tu as encore bu (reproche)	You've been drinking again

Les temps de l'irréel

Là où le français utilise l'imparfait (après SI), l'anglais utilise WERE (à toutes les personnes), le prétérit ou encore SHOULD + base verbale :

Si j'étais riche...	If I were rich...
Si je gagnais de l'argent...	If I made money...
Si jamais je gagnais beaucoup d'argent...	If I should make a lot of money...

Mais l'anglais utilise aussi le prétérit (appelé " modal ") dans d'autres cas :

A supposer qu'il ne vienne pas...	Suppose he didn't come...
J'aimerais mieux qu'il vienne	I'd rather he came
Il serait (grand) temps qu'il arrive	It's (high) time he arrived
Je regrette de ne pas la connaître	I wish I knew her

Là où le français utilise le subjonctif, l'anglais utilise aussi, dans certains cas, son subjonctif ou sa variante SHOULD + base verbale :

Ils ont suggéré qu'il préside la séance	They suggested that he (should) chair the meeting

Autres verbes suivis d'un subjonctif ou de SHOULD + base verbale :

demander que	ask that
	request that
réclamer que	demand that
	require that
	urge that
vouloir absolument que	insist that
recommander que	recommend that

Mais le subjonctif anglais est beaucoup moins fréquent que le subjonctif français. Exemples :

Ils voulaient qu'il préside la séance	They wanted him to chair the meeting
Veillez à ce qu'il ne s'échappe pas	See that he doesn't escape

Le faux conditionnel français

Il sert à rapporter une information sujette à caution. C'est un faux conditionnel car il ne sous-entend pas «si».

Il serait (= dit-on) en Espagne He is said to be in Spain

2. Principales confusions sur les modaux

MUST et HAVE TO

MUST peut exprimer deux choses : (1) la quasi-certitude ou (2) l'obligation (impérieuse) imposée par le locuteur. HAVE TO exprime (3) l'obligation imposée par les circonstances.

(1) *Ils doivent passer leurs vacances en Espagne* They must be spending their holiday in Spain
(2) *Il faut absolument qu'il travaille davantage* He must work harder
(3) *Il est obligé de travailler pendant ses vacances* He has to work during his holiday

Au passé, on ne pourra utiliser que (1) et (3) :

(1) *Ils ont dû passer leurs vacances en Espagne* They must have spent their holiday in Spain
(3) *Il a dû travailler pendant ses vacances* He had to work during his holiday

MUST et ses contraires

▶ **MUST - CAN'T**

CAN'T exprime l'improbabilité ou l'impossibilité logique. Il s'oppose donc à (1).

Il ne doit pas être loin	He can't be far away
Il ne devait pas être loin du sommet	He can't have been far from the top

▶ **MUST - MUSTN'T**

MUSTN'T exprime l'interdiction émise par le locuteur. Il s'oppose donc à (2).

Il ne faut pas y toucher	You mustn't touch it

▶ **MUST - DON'T HAVE TO**

DON'T HAVE TO exprime l'absence d'obligation. Il s'oppose à (2) et à (3).

Vous n'êtes pas obligé d'y aller	You don't have to go
Je n'ai pas eu à y aller	I didn't have to go

WILL et WOULD

▶ **Dans les principales**

Il le fera s'il le peut	He will do it if he can
Il le ferait s'il le pouvait	He would do it if he could

▶ **Dans les complétives**

Il dit qu'il le fera s'il le peut	He says he will do it if he can
Il a dit qu'il le ferait s'il le pouvait	He said he would do it if he could

▶ **Dans les interrogative indirectes**

Il risque de me demander quand je le ferai He may ask me when I will do it
Il m'a demandé quand je le ferais He asked me when I would do it

▶ **Dans les subordonnées**

WILL et WOULD disparaissent au profit du présent, du parfait ou du prétérit.

Subordonnées de temps

Mon père sera content quand je me marierai My father will be happy when I get married
Elle sera soulagée quand j'aurai épousé sa fille She'll be relieved when I've married her daughter

Subordonnées relatives

Un mari qui n'aimerait pas sa femme serait un bien mauvais mari A husband who did not love his wife would be a very bad husband indeed

DIDN'T NEED TO DO et NEEDN'T HAVE DONE

La difficulté vient de l'ambiguité du français. La phrase suivante a deux interprétations possibles :

Ce n'était pas la peine que l'ONU envoie des casques bleus
(1) *L'ONU n'a pas envoyé de troupes ; ce n'était pas nécessaire* The UN didn't need to send troops
(2) *L'ONU a envoyé des troupes, mais ça n'a servi à rien* The UN needn't have sent troops

3. Verbes à double complément d'objet

Type GIVE

▶ **Give someone something**

Le C.O.D. *(something)* est placé après le complément d'attribution *(someone)* :

He gave the waiter a ten-dollar tip *Il a donné un pourboire de dix dollars au garçon*
The teacher gave his pupils some homework *Le professeur a donné des devoirs à ses élèves*

Cette construction est obligatoire chaque fois que le C.O.D. porte l'information la plus importante (le pourboire, les devoirs).

▶ **Give something to someone**

Cette construction est correcte, mais ne s'utilise que si l'on veut mettre l'accent sur le complément indirect :

He gave a tip to the butler *Il a donné un pourboire au majordome*

The teacher gave the reports to the headmaster first *Le professeur a d'abord donné les bulletins au proviseur*

N.B. Au passif, le sujet n'est pas le même selon la construction choisie :

The waiter was given a tip
The tip was given to the waiter

▶ **Autres verbes du même type**

bring	*apporter*	Bring me a glass of water.
		He was brought a glass of water.
buy	*acheter*	Let me buy you a drink.
		I bought this for an old aunt of mine.
deny	*refuser*	The new law denied them the right to vote.
		They were denied the right to vote.
lend	*prêter*	I often lend her money.
		I was lent a sports car for a few days.
offer	*proposer*	She offered me her house for a week.
		He was offered a job.
owe	*devoir (qqch)*	You owe me ten pounds.
		The plain owes its fertility to the minerals deposited there.
pass	*passer (qqch)*	Pass me the salt, will you ?
		The photos were passed to those sitting at the back.
promise	*promettre*	They promised him a job in Alaska.
		He was promised a job in Alaska.
send	*envoyer*	The children used to send me a card at Christmas.
		The doctor sent me to a specialist.
show	*montrer*	Let me show you the way.
		I didn't get lost—I was shown the way.
teach	*enseigner*	Gandhi taught the world passive resistance.
		At school I was taught Japanese and English.
tell	*dire*	He refused to tell me her name.
		I was told a secret the other day.
write	*écrire*	She wrote me a letter from Singapore.
		An angry reader wrote a strong letter to The Guardian.

Exceptions

▶ **Cost someone something**

My new car cost me £20,000 *Ma nouvelle voiture m'a coûté 20 000 livres*

GRAMMAIRE

This initiative cost the Conservative government dear *Cette initiative a coûté cher au gouvernement conservateur*
Contrairement aux verbes précédents, *cost* ne connaît qu'une seule construction.

▶ **Explain something to someone**

Seule construction possible. Le deuxième terme est très souvent supprimé :

Can you explain what happened? *Pouvez-vous nous expliquer ce qui s'est passé ?*
Noter que la construction passive du type "He was given" est impossible. Il faut changer de verbe :
He was told how to get there *On lui a expliqué comment s'y rendre*

▶ **Propose something to someone**

Seule construction possible. Le deuxième terme est souvent supprimé :
He is proposing a new solution [to us] *Il nous propose une nouvelle solution*
Noter que la construction passive du type "He was given" est impossible. Il faut changer de verbe :
He was offered a job *On lui a proposé un emploi*

4. Verbes transitifs - verbes intransitifs

Verbes transitifs en français - intransitifs en anglais

dévisager	stare at	I don't like being stared at.
regarder	look at	Look at that!
respecter	abide by	Germany won't abide by the agreement.
soutenir	stand by	If they try to make you resign, we'll stand by you.
attendre	wait for	I won't move. I'll wait for him to call.
chercher	search for	The police is searching for clues.
compenser	compensate for	Money will never compensate for the loss of a loved one.
compenser, rattraper	make up for	Don't worry, she is simply making up for lost time.
défendre	stand up for	He said that his party had always stood up for justice and liberty.
demander	ask for	You may ask for anything you like.
désirer, regretter	long for	In the middle of winter we all long for sunshine and blue sky.
espérer	hope for	That seems a lot to hope for.
expliquer	account for	How do you account for the fingermarks on the photo?

faire venir	send for	You'd better send for a doctor!
payer	pay for	It is hard to pay for bread that has been eaten (Proverb).
représenter	account for	The unemployed now account for 12% of the population.
signifier	stand for	What does S.A.T. stand for?
souhaiter	wish for	What more could you wish for?
examiner	look into	I asked him to look into the matter more closely.
approuver	approve of	His parents do not approve of his girl-friend.
désapprouver	disapprove of	I strongly disapprove of his methods.
rappeler	remind... of	She reminds me of you at her age.
commenter	comment on	The minister refused to comment on the morning's events.
développer	elaborate on	Could you please elaborate on your first statement?
espionner	spy on	I'm sure the boss is spying on us.
mépriser	look down on	Black students used to be looked down on.
opérer	operate on	I have been operated on several times already.
servir	wait on	Women are eager to wait on him.
présider	preside over	He was asked to preside over the seminar.
admirer	look up to	They all look up to their English teacher.
attendre impatiemment	look forward to	We very much look forward to his visit.
avouer	confess to	She finally confessed to the murder of her children.
écouter	listen to	Will you please listen to me!
concurrencer	compete with	French firms compete on equal terms with foreign firms.
contrecarrer	interfere with	The weather interfered with my plans.
expérimenter	experiment with	He experimented with a new vaccine.
falsifier	tamper with	He claims that the register has been tampered with.
fournir	supply... with	The army was supplied with faulty material.

GRAMMAIRE

plaindre	sympathize with	I do sympathize with you!
remettre	present… with	I presented him with his prize.
rencontrer	meet with	The previous demonstrations had met with little success.
supporter	put up with	I won't put up with any more nonsense!
supprimer	do away with	Our medicines have not done away with disease.

Verbes intransitifs en français - transitifs en anglais

aller à	fit	What fits me also fits my daughter.
assister à	attend	5,000 people attended the match.
convenir à	suit	The date suits me well.
demander à	ask	Ask your mother.
échapper à	evade	He has a tendency to evade embarrassing questions.
échouer à	fail	She failed her driving-test three times.
en vouloir à	resent	She said she felt we resented her.
faire face à	face	She bravely faced the situation.
faire plaisir à	please	Please all, and you will please none (AESOP).
nuire à	harm	Nuclear waste harms the environment.
pardonner à	forgive	It is easier to forgive an enemy than to forgive a friend.
profiter à	benefit	The new regulation will mainly benefit the rich.
remédier à	remedy	There was nothing I could do to remedy the fault.
rendre visite à	visit	My friends never come to visit me.
renoncer à	renounce	The police have provisionally renounced the use of force.
répondre à	answer	I never answer the telephone at weekends.
résister à	resist	I can resist everything except temptation (Oscar WILDE).
résister à	withstand	It has been built to withstand high winds.
ressembler à	resemble	You resemble your father very much physically.
s'adresser à	address	It was John who first addressed the group.
s'attendre à	expect	We expected him to fail.
s'entraîner à	practise	I practise reading aloud.
s'opposer à	oppose	The unions will oppose the plan.
se joindre à	join	They will join us later.
survivre à	survive	You can't survive hostile conditions indefinitely.

téléphoner à	telephone	She telephones her mother every night.
rivaliser avec	rival	His collection rivals the best in the world.
se marier avec	marry	He's going to marry her.
sortir avec	date	He dated the girl for two years.
entrer dans	enter	They all wanted to enter the room together.
abuser de	abuse	The president clearly abused his position.
avoir besoin de	need	I need your support and affection.
avoir besoin de	want	This room wants redecorating.
changer de	change	Don't change horses in mid-stream (Proverb).
démissionner de	resign	He was determined to resign the chairmanship of the board.
discuter de, débattre de	discuss	The cabinet discussed the possibility of raising new taxes.
divorcer de	divorce	She had divorced her husband two years before.
douter de	doubt	He may be honest, but I doubt it…
enquêter auprès de	poll	They polled the over-sixty.
être à l'avant-garde de	pioneer	He is the one who pioneered laser surgery.
être à la traîne de	trail	The Labour candidate is trailing his Conservative opponent.
être le témoin de	witness	The palace has witnessed many historic events.
faire appel de	appeal	The governement appealed the decision.
faire état de	report	Reuters reported fifty-two deaths.
hériter de	inherit	He inherited his father's wealth at the age of 18.
manquer de	lack	We lack time to do it.
s'offusquer de	resent	Her parents resented her sudden departure.
se servir de	use	I don't even know how to use a hammer.
se souvenir de	remember	I remember his face well.
faire de la publicité pour	advertise	The concert is being widely advertised.
avoir vue sur	overlook	My study overlooks the garden.
enquêter sur	investigate	The FBI is investigating the affair.
faire une étude sur	survey	The pollsters surveyed too small a sample of the population.

faire une recherche sur	research	I had wanted to research the subject for a long time.
insister sur	emphasize	He emphasized a point somebody else had already made.
insister sur	stress	He stressed the necessity to cut the deficit.
se lamenter sur	lament	The chairman lamented the state of the economy.

5. Verbes suivis d'un autre verbe

Verbe + TO + base verbale

▶ **agree**

He agreed to do the job *Il accepta de faire le travail*

▶ **attempt**

The thief attempted to break in *Le voleur tenta d'entrer par effraction*

▶ **continue**

The orchestra continued to play *L'orchestre continua à jouer*

▶ **fail**

This never failed to annoy her *Ça ne manquait jamais de l'agacer*

▶ **manage**

He managed to find us *Il a réussi à nous retrouver*

▶ **seek**

Power stations are seeking to reduce their use of oil *Les centrales thermiques cherchent à réduire leur consommation de pétrole*

▶ **wish**

They are in love and wish to marry *Ils sont amoureux et souhaitent se marier*

Verbe + -ING

▶ **avoid**

Avoid being seen *Evitez de vous faire voir*

▶ **can't help**

I can't help feeling it was a mistake *Je ne peux pas m'empêcher de penser que c'était une erreur*

▶ **can't stand**

She can't stand being laughed at	*Elle ne supporte pas qu'on se moque d'elle*

▶ **consider**

We consider moving house	*Nous envisageons de déménager*

▶ **contemplate**

He never contemplated selling the firm	*Il n'a jamais envisagé de vendre l'entreprise*

▶ **dislike**

I disliked working for him	*Je n'aimais pas travailler pour lui*

▶ **enjoy**

This is something I enjoyed doing	*C'est une chose que j'ai pris plaisir à faire*

▶ **feel like**

They obviously felt like talking	*Ils avaient manifestement envie de bavarder*

▶ **finish**

Have you finished painting the room yet?	*Avez-vous achevé de peindre la pièce ?*

▶ **give up**

It was wise of you to give up smoking	*Vous avez eu bien raison de renoncer au tabac*

▶ **imagine**

I can't imagine asking him for money	*Je ne me vois pas lui demander de l'argent*

▶ **keep**

I keep making the same mistake	*Je fais toujours la même faute*

▶ **mind**

I don't mind walking	*Je veux bien marcher*
Would you mind coming with me?	*Cela vous dérangerait de m'accompagner ?*

▶ **miss**

You mustn't miss seeing this film	*Ne manquez pas de voir ce film*
He narrowly missed being killed	*Il a bien failli se faire tuer*
I do miss living in New York	*New York me manque beaucoup*

▶ **practise**

I practise running for an hour on end	*Je m'entraîne à courir une heure d'affilée*

▶ **put off**

She put off signing the paper	*Elle a remis à plus tard la signature du document*

▶ **regret**

I regret having told her about it	*Je regrette de l'avoir mise au courant*

▶ **risk**

You risk falling	*Vous risquez de tomber*
She won't risk coming today	*Elle ne se risquera pas à venir aujourd'hui*

▶ **set about**

At 7 they set about cleaning the place	*A 7 heures, ils se mirent à faire le ménage*

▶ **suggest**

The girls suggested travelling in one car	*Les filles ont proposé de prendre une seule voiture*

<u>Verbe + TO + -ING</u>

▶ **amount**

Raising taxes amounts to robbing people	*Augmenter les impôts revient à voler les gens*

▶ **be used**

We are not used to working together	*Nous n'avons pas l'habitude de travailler ensemble*

▶ **confess**

She confessed to murdering her children	*Elle avoua avoir assassiné ses enfants*

▶ **look forward**

I look forward to seeing you again	*Je suis impatient de te revoir*

▶ **object**

I don't object to helping you	*Je veux bien vous aider*

<u>Verbes à deux constructions</u>

▶ **admit**

He admitted (to) taking bribes	*Il a reconnu avoir reçu des pots-de-vin*

▶ **begin & start**

On peut considérer que ces deux verbes se construisent indifféremment avec TO + base verbale ou avec -ING :

They began / started to laugh	*Ils se mirent à rire*
They began / started laughing	

▶ **come**

He came to admit he was wrong	*Il a fini par reconnaître qu'il avait tort*
When it comes to admitting…	*Quand il s'agit de reconnaître…*

▶ **go on**

I went on writing	*J'ai continué d'écrire*
He went on to say that…	*Puis il a dit que…*

▶ **help**

He helped me fix the machine	*Il m'a aidé à réparer la machine (la machine est réparée)*
We must try to help students to succeed	*Nous devons essayer d'aider les élèves à réussir (idée de but)*

▶ **intend**

I intend to do my job	*J'ai l'intention de faire mon travail*
He had really intended staying longer	*Il avait vraiment eu l'intention de prolonger son séjour (la forme -ING signale que son intention est déjà connue)*

▶ **like**

On utilise TO + base verbale quand l'action est évoquée pour la première fois, et -ING pour évoquer une action déjà connue ou évoquée auparavant :

I would like to travel	*J'aimerais bien voyager*
I like travelling	*J'aime voyager*

N.B. On voit que *to travel* est orienté vers l'avenir (c'est un rêve), alors que *travelling* est orienté vers le passé (c'est une habitude).

▶ **need**

You need to see a doctor	*Tu as besoin de voir un médecin*
The car needs fixing / to be fixed	*La voiture a besoin d'être réparée*

GRAMMAIRE

▶ **remember**

I remember locking the door	*Je me souviens avoir fermé la porte à clé*
I must remember to lock the door	*Il faut que je pense à fermer la porte à clé*

▶ **stop**

He stopped smoking	*Il s'est arrêté de fumer*
He stopped to smoke a cigarette	*Il s'est arrêté pour fumer une cigarette*

▶ **try**

Try pushing that button	*Essayez de presser ce bouton (idée de résultat)*
He was trying to understand	*Il essayait de comprendre (idée de but)*

▶ **want**

I want to trim the hedge	*Je veux tailler la haie*
The hedge wants trimming	*La haie a besoin d'être taillée*

6. Quelques verbes à postposition

bring sth about	*amener qqch (conséquence)*
come about	*se produire*
turn about / around	*faire volte-face*
break away	*se libérer*
get away	*s'échapper*
give oneself away	*se trahir*
keep away	*ne pas s'approcher*
take sth away	*emporter qqch*
turn s.o. away	*chasser qqun*
bring sth back	*rapporter qqch (ici)*
get back home	*rentrer chez soi*
give sth back	*rendre qqch*
take sth back	*rapporter qqch (là-bas)*
talk back	*répondre insolemment*
get by	*se débrouiller, s'en sortir*
stand by	*se tenir prêt*
break down	*tomber en panne*
cut sth down	*abattre (arbre), réduire (dépenses)*
lay sth down	*établir (conditions, lois…)*

play sth down	*minimiser qqch*
pull sth down	*démolir qqch*
put sth down	*poser qqch*
settle down	*s'installer (quelque part), se calmer*
stand down	*se désister*
turn sth down	*baisser (volume, gaz...)*
turn s.o. down	*refuser (candidat)*
break in	*entrer par effraction*
give in	*céder*
take s.o. in	*rouler qqun*
be off	*partir*
come off	*se détacher*
cut sth off	*détacher qqch*
get off	*descendre (du train...)*
hit it off[1]	*bien s'entendre*
keep off	*se tenir à distance*
lay s.o. off	*licencier qqun*
make off	*décamper*
pay off	*être payant*
pull sth off	*réussir qqch*
put sth off	*remettre qqch à plus tard*
put s.o. off	*décontenancer qqun*
see s.o. off	*venir dire au revoir à qqun*
set off	*se mettre en route*
set sth off	*déclencher qqch / mettre qqch en valeur*
take off	*décoller*
turn sth off	*éteindre (lumière, radio...)*
get on	*monter (dans le bus...)*
hold on	*se cramponner*
keep sth on	*garder qqch sur le dos*
put sth on	*mettre qqch (vêtement)*
take s.o. on	*embaucher qqun / accepter de se battre contre qqun*
talk on	*continuer de parler*
turn sth on	*mettre qqch en route (appareil)*
carry sth out	*exécuter qqch (tâche)*
give out	*rendre l'âme (moteur)*
hold out	*tenir le coup*
lay sth out	*faire le plan de qqch*
pull out	*se retirer (troupes)*

[1] They've never really hit it off *Ils ne se sont jamais vraiment entendus*

GRAMMAIRE

rule sth out	*exclure qqch (hypothèse, éventualité...)*
sell out	*vendre tout son stock*
set out	*se mettre en route*
stand out	*ressortir (par contraste)*
take sth over	*reprendre qqch (entreprise, pouvoir)*
turn over	*se retourner (bateau)*
turn sth over	*tourner (page), retourner (disque)*
come round	*revenir à soi*
talk s.o. round	*arriver à faire changer qqun d'avis*
come to	*revenir à soi*
get up	*se lever (de la position couchée)*
give sth up	*renoncer à qqch*
hold up a bank	*braquer une banque*
keep up	*se maintenir (prix, temps...)*
look up	*lever les yeux / s'améliorer (situation)*
look sth up	*chercher qqch (dans un dictionnaire)*
make up	*se maquiller / se réconcilier*
make sth up	*composer (un tout) / inventer (une histoire) de toutes pièces*
put s.o. up	*loger qqun*
ring s.o. up	*appeler qqun (au téléphone)*
run up a debt	*s'endetter*
set up	*s'installer (professionnellement)*
set sth up	*fonder qqch (entreprise, école...)*
stand up	*se lever (de la position assise)*
take sth up	*se mettre à qqch (sport, loisir...)*
turn up	*arriver à l'improviste*

III. Phrase

1. Prépositions

<u>Verbe + préposition</u>

faire allusion à	hint at
jeter un coup d'œil à	glance at
sourire à	smile at
pourvoir à	cater for
se préparer à	prepare for
substituer... à	substitute... for
cacher... à	hide... from
emprunter... à	borrow... from
voler... à	steal... from
s'adonner à	indulge in
se confier à	confide in
croire à	believe in
intéresser... à	interest... in
participer à	participate in
persister à	persist in

prendre part à	take part in
prendre plaisir à	take pleasure in
réussir à	succeed in
imposer… à	impose… on
infliger… à	inflict… on
nuire à	reflect on
adapter… à	adapt… to
adapter… à	adjust… to
s'adapter à	adapt to
s'adapter à	adjust to
appartenir à	belong to
appliquer… à	apply… to
attribuer… à	put… down to
boire à	drink to
céder à	give in to
céder à	yield to
conduire à	lead to
consacrer… à	devote… to
contribuer à	contribute to
se cramponner à	cling to
expliquer… à	explain… to
faire allusion à	allude to
faire allusion à	refer to
faire place à	give way to
se mettre à	take to
mettre fin à	put an end to
passer à	switch to[1]
plaire à	appeal to
réagir à	react to
recourir à	resort to
revenir à	amount to
trouver à redire à	object to
venir à	occur to[2]
se conformer à	comply with
s'identifier à	identify with

entrer en collision avec	bump into
confondre… avec	mistake… for
bien s'entendre avec	get along with
se colleter avec	grapple with
compter avec	reckon with
contraster avec	contrast with
échanger… contre	exchange… for
s'écraser contre	crash into
lutter contre	contend with
investir dans	invest in
jouer un rôle dans	play a part in
s'introduire dans	break into
plonger dans	dive into
s'immiscer dans	intrude on
s'occuper de	look after
s'émerveiller de	marvel at
faire une tentative de	have a go at
se moquer de	laugh at
profiter de	profit by
se contenter de	settle for
remercier… de	thank… for
s'abstenir de	abstain from
bénéficier de	benefit from
décourager… de	discourage… from
déduire… de	deduce… from[3]
déduire… de	deduct… from[4]
dissuader… de	deter… from
empêcher… de	prevent… from
empêcher… de	stop… from

[1] France has now switched to nuclear energy *La France est maintenant passée à l'énergie nucléaire*

[2] An idea occurred to me *Une idée m'est venue (à l'esprit)*

[3] What do you deduce from the fact that… ? *Que déduisez-vous du fait que… ?*

[4] Tax will be be deducted from your wages *Les impôts seront déduits de votre salaire*

être différent de	differ from
exclure... de	exclude… from
guérir de	recover from
protéger... de	protect… from
se retenir de	refrain from
sauver... de	save… from
séparer... de	separate… from
s'enorgueillir de	take pride in
accuser... de	accuse… of
aviser... de	notify… of
se débarrasser de	dispose of
se débarrasser de	get rid of
être à court de	run out of
faire grand cas de	make much of
faire partie de	be part of
mourir de	die of
prendre soin de	take care of
priver... de	deprive… of
profiter de	take advantage of
reconnaître... coupable de	convict… of
se saisir de	take hold of
soupçonner... de	suspect… of
triompher de	get the better of
dépendre de	depend on
s'enorgueillir de	pride oneself on
féliciter... de	congratulate... on
se nourrir de	feed on
s'occuper de	see to[1]
se servir de (à table)	help oneself to
témoigner de	bear witness to
témoigner de	testify to
accuser... de	charge… with
se contenter de	content oneself with

frissonner de	shiver with
inculper... de	charge… with
s'occuper de	cope with[2]
se passer de	dispense with
trembler de	shake with
trembler de	tremble with
se passer de	do without
s'habiller en	dress in
changer... en	change… into
se changer en	change into
diviser... en	divide… into
se diviser en	divide into
fendre... en	split… into
se fendre en	split into
traduire... en	translate… into
transformer... en	convert… into
transformer... en	turn… into
se transformer en	turn into
dépenser... en	spend… on[3]
entendre... par	mean… by[4]
condamner... pour	sentence… for
passer pour	pass for
punir... pour	punish… for
prendre parti pour	side with
tirer sur	shoot at
compter sur	rely on
empiéter sur	encroach on
insister sur	insist on
jouer sur	play on
reposer sur	rest on
l'emporter sur	prevail over
se diriger vers	head for
se diriger vers	make for

---

[1] Don't worry, I'll see to that *Ne vous en faites pas, je m'en occupe*

[2] I'll cope with the luggage *Je m'occupe des bagages*

[3] He spent millions on period furniture *Il a dépensé des millions en meubles de style*

[4] What do you mean by " funny " ? *Qu'entendez-vous par " drôle " ?*

▶ **Verbes à constructions multiples**

Constructions strictement interchangeables

dream of sth	*rêver de qqch*
dream about sth	
expect sth from s.o.	*attendre qqch de qqun*
expect sth of s.o.	
have difficulty in doing sth	*avoir du mal à faire qqch*
have difficulty doing sth	
have trouble in doing sth	*avoir du mal à faire qqch*
have trouble doing sth	
increase by 5%	*augmenter de 5%*
increase 5%	
meddle in sth	*se mêler de qqch*
meddle with sth	
profit by sth	*profiter de qqch*
profit from sth	
provide sth for s.o.	*fournir qqch à qqun*
provide s.o. with sth	
replace sth by sth	*remplacer qqch par qqch*
replace sth with sth	
reproach s.o. for sth	*reprocher qqch à qqun*
reproach s.o. with sth	
worry about	*se faire du souci pour*
worry over	
write to s.o.	*écrire à qqun*
write s.o.	

Sens différents

agree about / on / over	*être d'accord au sujet de*
agree to do sth	*accepter de faire qqch*
agree with s.o.	*être d'accord avec qqun*
answer sth / s.o.	*répondre à qqch / qqun*
answer for sth	*répondre de qqch (actions, crimes...)*
answer to sth	*répondre à qqch (nom, description...)*
apologize for sth	*s'excuser de qqch*
apologize to s.o.	*présenter des excuses à qqun*
appeal for sth	*lancer un appel pour obtenir qqch (argent, silence, tolérance...)*
appeal to sth	*en appeler à qqch (générosité, sens moral...)*
appeal to s.o.	*en appeler à qqun / plaire à qqun*
apply sth	*appliquer qqch (peinture...)*
apply for sth	*poser sa candidature à qqch*

apply to s.o.	*poser sa candidature auprès de qqun*
argue about sth	*se disputer au sujet de qqch / argumenter sur qqch*
argue against / for sth	*argumenter contre / en faveur de qqch*
arrive at the airport	*arriver à l'aéroport*
arrive in London	*arriver à Londres*
ask (s.o.) a question	*poser une question (à qqun)*
ask (s.o.) for sth	*demander qqch (à qqun)*
ask after s.o.	*demander des nouvelles de qqun*
attend sth	*assister, participer à qqch (réunion...)*
attend a patient	*soigner un malade*
attend to sth / s.o.	*s'occuper de qqch / qqun (tâche, client)*
belong somewhere	*avoir sa place quelque part*
belong to	*appartenir à*
benefit s.o.	*profiter à qqun*
benefit by / from sth	*bénéficier, tirer profit de qqch*
blame s.o. for sth	*reprocher qqch à qqun*
blame sth on s.o.	*rejeter la responsabilité de qqch sur qqun*
boast sth	*être fier de posséder qqch*
boast about / of sth	*se vanter de qqch*
call at every station	*s'arrêter à toutes les gares (train)*
call for measures	*réclamer / nécessiter des mesures*
call for s.o.	*passer prendre qqun chez lui*
call on s.o.	*faire une visite à qqun*
care about / for s.o.	*avoir de l'affection pour qqun*
care for s.o.	*soigner / s'occuper de qqun*
charge £1 for sth	*faire payer qqch £1*
charge s.o. with sth	*accuser / inculper qqun de qqch*
come across s.o.	*rencontrer qqun par hasard*
come by sth	*se procurer qqch*
come into sth	*hériter de qqch*
compare s.o. to s.o.	*comparer qqun à qqun (= l'assimiler à lui)*
compare s.o. with s.o.	*comparer qqun à qqun (= chercher ressemblances et différences)*
compete for sth	*se battre pour obtenir qqch*
compete with s.o.	*concurrencer, être en concurrence avec qqun*
complain about / of sth	*se plaindre de qqch*
complain to s.o.	*se plaindre auprès de qqun*

consist in doing sth	*consister à faire qqch*
consist of	*se composer de (plusieurs éléments)*
deal in sth	*faire le commerce de qqch*
deal with sth	*régler qqch (problème…)*
deal with s.o.	*avoir affaire à qqun*
decide to do sth	*décider de faire qqch*
decide a question[1]	*régler une question*
decide on sth	*choisir qqch*
escape sth / s.o.	*échapper à qqch / qqun*
escape from jail	*s'évader de prison*
face s.o.	*faire face à / être en face de qqun*
face facts	*se rendre à l'évidence*
face the death penalty	*risquer la peine de mort*
be faced with sth	*être confronté à qqch*
face up to sth	*affronter qqch*
fail an exam	*échouer à un examen*
fail in one's duty	*faillir à son devoir*
feed s.o.	*donner à manger à qqun*
feed on sth	*se nourrir de qqch*
fire at s.o.	*tirer un coup de feu sur qqun*
fire s.o.	*licencier qqun*
get (a)round sth	*tourner qqch (une difficulté, la loi…)*
get at a place	*accéder à un endroit*
get at s.o.	*s'en prendre à qqun*
get into a school	*intégrer une école*
get off sth	*descendre de qqch (train, bus, avion…)*
get on sth	*monter dans qqch (train, bus, avion…)*
get over sth	*se remettre de qqch*
go for s.o.	*attaquer qqun*
go for sth / s.o.	*s'enticher de qqch / qqun*
go into sth	*entrer dans le détail de qqch / entrer dans une profession*
go to a place	*se rendre à un endroit*
hear about / of sth / s.o.	*entendre parler de qqch / qqun*
hear from s.o.	*recevoir des nouvelles de qqun*

[1] That decides it *Ça règle le problème*

GRAMMAIRE

interfere in	*se mêler de (la conversation, ce qui ne vous regarde pas...)*
interfere with	*contrecarrer, empiéter sur*
keep off butter	*éviter de manger du beurre*
keep off a topic	*éviter d'aborder un sujet*
keep out of sth	*éviter de se mêler de qqch*
keep to one's bed	*garder la chambre*
laugh about sth	*rire de qqch*
laugh at s.o.	*se moquer de qqun*
live off s.o.	*vivre aux crochets de qqun*
live on sth	*vivre de qqch (= ne se nourrir que de...)*
live up to sth	*se montrer à la hauteur de qqch*[1]
live with s.o.	*vivre avec qqun / habiter chez qqun*
look at sth / s.o.	*regarder qqch / qqun*
look back on sth	*repenser à qqch (événement passé, époque révolue)*
look down on s.o.	*mépriser qqun, regarder qqun de haut*
look for sth / s.o.	*chercher qqch / qqun (des yeux)*
look into sth	*examiner qqch (question)*
look to s.o.	*compter sur qqun, se tourner vers qqun*
operate sth	*faire marcher (un appareil), diriger (une entreprise)*
operate on s.o.	*opérer qqun*
pay sth	*payer qqch (= une somme d'argent)*
pay for sth	*payer qqch (= l'objet acheté)*
point at sth / s.o.	*montrer qqch / qqun du doigt*
point to sth	*indiquer l'existence de qqch*[2]
quarrel about / over sth	*se quereller au sujet de qqch*
quarrel with s.o.	*se quereller avec qqun*
reproach s.o. for / with doing sth	*reprocher à qqun de faire qqch*
resign from the cabinet	*démissionner du gouvernement*
resign one's job	*démissionner de son poste*
result from sth	*résulter de qqch*
result in sth	*aboutir à qqch*
run for sth	*se présenter à qqch (élection)*

[1] The film didn't live up to my expectations *Le film n'a pas répondu à mes attentes*

[2] It all points to the fact that... *Tout laisse à penser que...*

run into trouble	*se heurter à des difficultés*
run out of sth	*être à court de, tomber en panne de qqch (argent, nourriture, carburant...)*
shoot s.o.	*abattre qqun*
shoot at s.o.	*tirer sur qqun*
shout at s.o.	*crier après qqun*
shout for help	*crier au secours*
shout to s.o.	*crier à qqun (de faire qqch)*
shout with laughter	*éclater de rire*
suffer sth	*subir qqch*
suffer from sth	*souffrir de qqch*
supply s.o.	*approvisionner qqun*
supply s.o. with sth	*fournir qqch à qqun*
supply sth	*fournir qqch*
supply sth to s.o.	*fournir qqch à qqun*
take after s.o.	*tenir de*[1]
take sth away from s.o.	*prendre qqch à qqun*
take to sth	*se mettre à qqch (habitude, loisir, vice)*
take to s.o.	*se prendre d'amitié pour qqun*
talk about sth	*parler de qqch*
talk s.o. into doing sth	*persuader qqun de faire qqch*
talk s.o. out of doing sth	*dissuader qqun de faire qqch*
talk to / with s.o.	*discuter avec qqun*
tell s.o. about sth	*mettre qqun au courant de qqch*
tell s.o. from s.o. else	*distinguer qqun de qqun d'autre*
think about / of s.o.	*penser à qqun (= ne pas l'oublier)*
think about sth	*réfléchir à qqch*
think of sth	*imaginer qqch*
throw sth at s.o.	*lancer qqch sur qqun (avec agressivité)*
throw sth to s.o.	*lancer qqch à qqun (sans agressivité)*
trust s.o.	*faire confiance à qqun*
trust in God	*mettre sa confiance en Dieu*
trust s.o. to do sth	*faire confiance à qqun pour faire qqch*[2]
trust s.o. with sth	*confier qqch (secret, objet) à qqun*
wonder about sth	*songer / réfléchir à qqch*
wonder at sth	*s'étonner de qqch*

GRAMMAIRE

---

[1] I tend to take after my father *J'ai tendance à tenir de mon père*
[2] She didn't trust anyone to look after her chidren *Elle ne faisait confiance à personne pour s'occuper de ses enfants.*

Nom + préposition

le droit à la vie	the right to life
une tentative de réforme	an attempt at reform
un roman de Dickens	a novel by Dickens
un changement de comportement	a change in attitudes
une augmentation du cours du pétrole	an increase in oil prices
la différence de prix	the difference in prices
avoir le don des langues	have a gift for languages
des motifs de divorce	grounds for divorce
la capacité d'action	the capacity for action
la demande de biens de consommation	demand for consumer goods
la mémoire des chiffres	a memory for figures
la quête du sens	the quest for meaning
la raison de cette décision	the reason for this decision
la recherche du sacré	the search for the sacred
la soif de gloire	the thirst for glory
le besoin d'argent	the need for money
le porte-parole de la présidence	the spokesman for the presidency
trouver l'explication de	find an explanation for
une demande de rançon	a claim for ransom
aux bons soins de M. Dupont	care of (c/o) M. Dupont
c'est la preuve de sa culpabilité	this is evidence of his guilt
c'est une des preuves de sa culpabilité	this is one proof of his guilt
la crainte de Dieu	the fear of God
la nécessité de faire qqch	the necessity of doing sth
un changement de gouvernement	a change of government
un exemple de bonne volonté	an example of goodwill
un manque de nourriture	a lack of food
le droit d'ingérence	the right to interfere
la clé / solution du problème	the key / solution to the problem
la bonne attitude devant ce problème	the right approach to this problem
sa réaction devant les événements	his response to the events
son comportement envers moi	her attitude to me
avoir un intérêt pour les sciences	have an interest in science
avoir une préférence pour le chocolat	have a preference for chocolate
un exemple pour les autres	an example to others
une menace pour la démocratie	a threat to democracy

Adjectif + préposition

inhérent à	inherent in
qui contribue à	instrumental in
résolu à	intent on
adonné à	addicted to
apparenté à	akin to
apparenté à	related to
ayant rapport à	relevant to
condamné à	doomed to
décidé à	determined to
dévoué à	committed to
dû à	due to
égal à	equal to
enclin à	apt to
essentiel à	crucial to
favorable à	favourable to
fiancé à	engaged to
fidèle à	faithful to
habitué à	accustomed to
habitué à	used to
imperméable à	impervious to
indifférent à	indifferent to
inférieur à	inferior to
nuisible à	detrimental to
profitable à	beneficial to
qui a droit à	entitled to
qui mène à	conducive to
reconnaissant à	grateful to
semblable à	similar to
sensible à	sensitive to
sujet à	prone to
utile à	useful to
associé à	associated with
confronté à	confronted with
confronté à	faced with
gentil avec	kind to
gentil avec	nice to
grossier avec	rude to
juste / équitable avec	fair to
poli avec	polite to

sans rapport avec	irrelevant to
familiarisé avec	acquainted with
engagé dans	engaged in
surpris de	surprised at
qui a grand besoin de	desperate for
responsable de	responsible for
différent de	different from
éloigné de	distant from
éloigné de	far from
séparé de	separate from
qui manque de	lacking in / wanting in
à court de	short of
au courant de	aware of
capable de	capable of
conscient de	conscious of
coupable de	guilty of
dépourvu de	devoid of
digne de	worthy of
fier de	proud of
honteux de	ashamed of
ignorant de	ignorant of
indépendant de	independent of
oublieux de	oblivious of
qui a peur de	afraid of
qui a très peur de	terrified of
respectueux de	respectful of
typique de	typical of
critique à l'égard de	critical of
méfiant à l'égard de	wary of
tolérant à l'égard de	tolerant of
dépendant de	dependent on
passionné de	keen on
à côté de	next to
à la hauteur de (la tâche)	equal to (the job)

inconnu de	unknown to	*synonyme de*	synonymous with
proche de	close to		
très désireux de	eager to	*vert de*	green with
affligé de	afflicted with	*confiant en*	confident in
blanc de	white with	*compatissant envers*	sympathetic to
bleu de	blue with	*généreux envers*	generous to
content de	happy with	*loyal envers*	loyal to
content de	pleased with		
doté de	endowed with	*attiré par*	attracted to
lassé de	bored with	*écœuré par*	disgusted at
malade de	ill with	*effrayé par*	scared of
populaire auprès de	popular with	*intéressé par*	interested in
qui en a assez de	fed up with	*dangereux pour*	hazardous to
qui se contente de	content with	*important pour*	important to
rouge de	red with	*qui a un faible pour*	partial to

▶ Adjectifs correspondant à un verbe français

appréhender qqch	be nervous about sth
bien aimer qqch / qqun	be fond of sth / s.o.
plaindre qqun	be sorry for s.o.
rappeler qqch	be reminiscent of sth

▶ Adjectifs à constructions multiples

accountable for	*responsable de*	He should be held accountable for what he did.
accountable to	*responsable devant*	Ministers are accountable to Parliament.
angry about	*furieux à cause de*	Are you angry about last night?
angry with	*furieux contre*	Are you angry with me?
anxious about	*qui se préoccupe de*	She is anxious about her looks.
anxious for	*qui attend impatiemment*	He is obviously anxious for promotion.
concerned about / at / for	*qui s'inquiète de*	Mummy is really concerned about Dad's health.
concerned by	*concerné par*	You're not concerned by this decision.
concerned with	*qui s'intéresse à*	I am more concerned with efficiency than prestige.

covered in / with	*couvert de*	The child's trousers were covered in mud.
disappointed at / in / with	*déçu de*	I am greatly disappointed at the results.
good at	*bon en*	He is good at maths.
good to	*gentil avec*	He was good to me.
good for	*bon pour*	It is good for your health.
mad about	*fou de*	He is clearly mad about her.
mad at	*furieux contre*	He was mad at me for telling Dad.
mad with	*fou de*	He was mad with rage.
necessary for / to	*nécessaire à*	Oxygen is necessary to man.
ready to do sth	*prêt à faire qqch*	
ready for sth	*prêt pour qqch*	
responsible for	*responsable de*	He should be held responsible for what he did.
responsible to	*responsable devant*	Ministers are responsible to Parliament.
sorry about	*désolé de*	Sorry about that !
be sorry for s.o.	*plaindre qqun*	I'm sorry for you.

<u>Préposition + complément</u>

à la rigueur	at a pinch
à volonté	at will
à votre disposition	at your disposal
à défaut de	for want of
à long terme	in the long run
à mon avis	in my opinion
à son tour	in turn
à aucun prix	on no account
à condition que	on condition that
à dos de cheval	on horseback
à la radio	on the radio
à la réflexion	on second thoughts
à la télévision	on TV
à pied	on foot
au hasard	at random
au moins, du moins	at least
au pire	at worst
au plus tard	at the latest
au cas où	in case
au vu de	in view of
au premier étage	on the first floor
au téléphone	on the phone
au total, dans l'ensemble	on the whole
au fil des années	over the years
chez Ford, pour Ford	with Ford
dans l'espoir de	in the hope of
d'après ma montre	by my watch
d'ici jeudi prochain	by next Thursday
de jour	by day
d'un point de vue économique	from an economic point of view

d'une voix forte / à voix basse	in a loud / low voice
de préférence à	in preference to
de la part de, au nom de	on behalf of
en ce moment	at present
en danger	at risk
en désaccord	at odds
en discussion	at issue
en guerre	at war
en jeu	at stake
en même temps	at the same time
en paix	at peace
en avance	in advance
en charge de	in charge of
en comparaison de	in comparison with
en conformité avec	in compliance with
en échange de	in exchange for
en plus de	in addition to
en proportion de	in proportion to
en réponse à	in reply to
en arrivant	on arriving
en bons termes (avec)	on good terms (with)
en feu	on fire
en mouvement	on the move
en moyenne	on average
en raison de	on account of
en route	on the way
en vacances	on holiday
en cours de réalisation	under way
en réparation	under repair
par cœur	by heart
par erreur	by mistake
par exemple	for example
par exemple	for instance
par manque de	for lack of
par intérêt	out of interest
pendant ce temps	in the meantime
pendant le week-end	over the weekend
pour de bon	in earnest
pour l'instant	for the time being
sous la pluie	in the rain
tout de suite	at once
conformément à	in accordance with
lundi	on Monday
proportionnellement à	in proportion to
seul	on one's own
seul	by oneself

▶ **Cas particuliers**

at the end (of the text)	*à la fin (du texte)*
in the end (= eventually)	*au bout du compte*
in time	*dans les délais*
on time	*à l'heure*
en jeu (= ce que l'on risque)	at stake
en jeu (= en présence)	at work

2. Place de la négation

Type " Il m'a dit de ne pas venir "

Il m'a dit de ne pas venir — He told me not to come
Il m'a dit de n'en parler à personne — He told me not to tell anyone

Type " Tout le monde n'est pas d'accord "

Tout le monde n'est pas d'accord — Not everybody agrees
Tout ne va pas en s'améliorant — Not everything is changing for the better

Type " Je suppose que vous ne savez pas "

Je suppose que vous ne savez pas — I don't suppose you know
Je pense qu'il ne sera pas d'accord — I don't think he'll agree
Je pensais qu'il ne viendrait pas — I didn't imagine he would come

Exception : hope — I hope he won't refuse.

3. Place de l'adverbe

Ce qui est interdit

On ne place pas l'adverbe entre le verbe et son complément d'objet :

Je connais bien votre père — I know your father quite well
Tu fais toujours la même faute — You're always making the same mistake

N.B. Exceptionnellement, si le C.O.D. est très long, on peut déroger à cette règle.

Cette règle vaut également pour les attributs après les verbes autres que BE (Ex : *feel, seem*) :
Ils se sentent maintenant exclus — They now feel alienated

En revanche, BE accepte les deux constructions :
Ils sont maintenant exclus — They now are / are now alienated

Ce qui est autorisé

▶ Début, milieu ou fin

Il y a trois places possibles pour l'adverbe dans la phrase anglaise : en tête de phrase, en fin de phrase, ou à l'intérieur du groupe verbal. Dans ce dernier cas, l'adverbe se place toujours avant le verbe, sauf s'il s'agit de BE :

He often arrives late.
He's often late.

Si le groupe verbal comporte des auxiliaires, l'adverbe se place après le premier auxiliaire :
He does not always arrive late.
I have always smoked.
She is always worrying.
The house has probably been broken into.

Dans une phrase négative, l'adverbe se met
• soit avant le premier auxiliaire :
He probably won't know.
• soit entre l'auxiliaire et la négation :
He will probably not know.
• sauf dans le cas de DO :
He probably doesn't know.

▶ Début ou fin

Les adverbes de temps précis et les adverbes de lieu se placent soit en début, soit en fin de phrase :

yesterday, tomorrow, etc.
outside, inside, etc.

Ce qui est obligatoire

▶ Milieu

almost	never
always	probably
certainly	quite
definitely	scarcely
hardly	simply
nearly	

N.B. Dans un registre soutenu, HARDLY, SCARCELY et NEVER peuvent être placés en tête de phrase, et suivis d'une inversion :

Hardly / Scarcely had he uttered the words when he began laughing.
Never had I seen such a performance before.

▶ Fin

Adverbes de fréquence précis

daily
weekly
monthly, etc.

Adverbes de manière

badly
well

" Focusing adverbs "

as well	I'll take those as well.
either	I won't take those either.
too	I'll take those too.

4. Ordre des compléments circonstanciels

Règle générale

1. Manière
2. Lieu
3. Temps

Exemple : We worked hard in the garden yesterday

Séquence de compléments de lieu

▶ **Direction avant situation**

They're moving into a new flat in the suburbs.
Take this to the study upstairs.

▶ **Particulier avant général**

They met at an art exhibition in Paris.
You'll find him in the conference room on the first floor.

5. Ordre des mots dans les questions

Même ordre qu'en français

Uniquement lorsque la question porte sur le sujet :

Who lives here ?

Ordre différent du français

▶ **Type " Est-ce que / Qu'est-ce que... ? "**

Est-ce que vous irez en vacances ?	Will you go away on holiday?
Qu'est-ce que veut dire " indolent " ?	What does " indolent " mean?
Est-ce qu'elle ne lit jamais de poésie ?	Doesn't she ever read poetry?

▶ **Type " Votre frère a-t-il réussi son concours ? "**

Votre frère a-t-il réussi son concours ?	Has your brother passed his exam?
Où Shakespeare est-il enterré ?	Where is Shakespeare buried?
Quand cette pièce a-t-elle été refaite ?	When was this room redecorated?
Ne lit-elle jamais de poésie ?	Does she never read poetry?

GRAMMAIRE

▶ **Type " A qui... ? "**

A qui la faute ?	Whose fault is it?
A qui est la voiture devant la porte ?	Whose car is that outside?
A qui pensez-vous ?	Who are you thinking of?
A qui l'avez-vous donné ?	Who did you give it to?

▶ **Type "C'est grand comment ?"**

C'est grand comment ?	How big is it?

6. Ordre des mots dans les interrogatives indirectes

L'ordre est celui de la phrase affirmative. Contrairement au français, il n'y a jamais d'inversion dans ce type de phrase.

Je ne sais pas où a lieu la réunion	I don't know where the meeting is taking place
Elle m'a expliqué quel était le problème	She explained what the problem was
Je me demande où est passé le dossier	I wonder where the file is
Sais-tu à quelle heure ferme la banque ?	Do you know what time the bank closes?
J'aimerais savoir avec qui parle le patron	I'd like to know who the boss is talking with

7. Ordre des mots dans certaines relatives

Whose

un pays dont le président est impopulaire	a country whose president is unpopular
le seul dont j'ai oublié le nom	the only one whose name I've forgotten
un auteur dont nous admirons l'œuvre	a writer whose work we think highly of

N.B. Ne pas confondre avec les phrases où " dont " n'est pas complément de nom :

l'ami dont je t'ai parlé	the friend I told you about

Of whom / of which

100 passagers, dont 25 étaient chinois	100 passengers, 25 of whom were Chinese

les bureaux, dont certains sont inoccupés the offices, some of which are vacant

8. Les cas d'inversion les plus fréquents

Après les négations

Non seulement il a enrichi les riches, mais il a aussi appauvri les pauvres
Not only did he make the rich richer, he also made the poor poorer

Je n'ai vraiment jamais rien lu d'aussi mauvais
Never in my life have I read such rubbish

A peine sorti de cellule, il récidivait
No sooner was he released from prison than he did it again

Il n'y a pas d'endroit au monde où on accueille aussi bien les touristes
Nowhere in the world are tourists made so welcome

Après les semi-négations

A peine l'avais-je mis au courant que je me rendis compte de mon erreur
Hardly / Scarcely had I told him when I realized my mistake

C'est seulement à ce moment-là que je me rendis compte de mon erreur
Only then did I realize my mistake

Après SO

Je suis bon en maths, comme beaucoup de mes amis
I am good at math, and so are many of my friends

Dans les propositions hypothétiques

Si le président devait être destitué, c'est le vice-président qui lui succéderait
Were the president to be impeached, the vice-president would take over
Should the president be impeached, the vice-president would take over

Si le président avait été destitué, c'est le vice-président qui lui aurait succédé
Had the president been impeached, the vice-president would have taken over

3

Vocabulaire

Retenir

Les problèmes de vocabulaire les plus fréquents

Approfondir

Retenir

Les problèmes de vocabulaire les plus fréquents

I. Les mots français les plus mal traduits

Bien

Elle va très bien	She's very well
Il fait bien son travail	He does his job well
Est-ce que j'ai bien fait ?	Have I done right?
C'est bien trop difficile	It's far too difficult
Je te l'avais pourtant bien dit	I did tell you
Ce n'est pas bien de faire ça	It's not right / It's wrong to do that
faire le bien	do good

Cas

c'est le cas de	this is / such is the case with
comme c'est le cas pour	as is the case with
en tout cas	in any case, at any rate, anyway
en cas de besoin	if need be
au cas où il viendrait	in case he comes / he should come
en cas d'accident	in case of an accident, in the event of an accident

Chance(s)

la chance	luck
avoir de la chance	be lucky
manquer de chance	be unlucky
Pas de chance !	Too bad!
l'égalité des chances	equal opportunity
une chance sur cent	one chance in a hundred
Quelles sont ses chances ?	What are his chances?

Il y a de bonnes chances qu'elle gagne	There's a good chance she'll win / She's likely to win
Il y a peu de chances qu'il gagne	There's little chance he'll win / He's unlikely to win

Comportement

son comportement à l'égard de sa femme	his behaviour / attitude towards his wife
de tels comportements	such behaviour *(Sg)*, such attitudes
le comportement du roi devant la crise	the king's approach to the crisis

Connaître

Le pays connaît une crise économique	The country is going through an economic crisis
L'économie connaît une forte expansion	The economy is booming

Contraire

au contraire (à l'inverse)	on the contrary
au contraire (pour accentuer le contraste)	by contrast
contrairement à (au contraire de)	unlike
contrairement à ma mère	unlike my mother
contrairement à (en contradiction avec)	contrary to
contrairement aux idées reçues	contrary to accepted ideas

Décidé

être décidé à faire qqch	be determined to do sth

Dernier

le mois dernier	last month
le dernier mois	the last month
son dernier film (à ce jour)	his latest film
son dernier film (= ultime)	his last film

Devant

John est assis devant Peter	John is sitting in front of Peter
La voiture est devant la maison	The car is outside the house

La voiture est passée devant la maison	The car drove past the house
Il se tenait devant moi	He stood before me
Il a comparu devant le tribunal	He stood before the court
la tâche qu'il a devant lui	the task before him
devant cette situation	faced with / in the face of the situation
devant la gravité de la situation	considering / in view of the seriousness of the situation

Différent

à différentes reprises	on various occasions
différentes personnes	several people

Dire

Il a dit que…	He said that…
Il m'a dit que…	He told me that… / He said that…
On dit qu'elle a épousé un milliardaire	She is said to have married a billionaire
On lui a dit de s'occuper de ses affaires	He was told to mind his own business

En effet

(confirme ce qui précède)	indeed, actually
En effet, il nous a beaucoup aidés	Indeed he helped us a lot He actually helped us a lot He did help us a lot
(annonce une cause ; style écrit)	for

N.B. Assez fréquemment, " en effet " ne se traduit pas, car l'anglais utilise moins souvent les mots de liaison que le français.

Enfin

(traduit le soulagement)	at last
(dans une énumération)	finally, last, lastly
(à la longue)	eventually

Évoluer

(situation)	change
évoluer favorablement	change for the better
(espèces)	evolve

Femme

une femme	a woman
la femme (par opposition à l'homme)	women *(pluriel généralisateur)*
ma femme	my wife

Homme

un homme	a man
l'homme (= l'espèce humaine)	man
l'homme (par opposition à la femme)	men *(pluriel généralisateur)*

Important

(qui compte) c'est important pour moi	it is important to me / it matters to me
des renseignements importants (précieux)	valuable information *(Sg)*
une quantité importante de chaleur	a significant amount of heat
une différence importante	a great difference
une foule importante (nombreuse)	a large crowd
une croissance importante (forte)	fast growth
une inflation importante (forte)	high inflation
une inflation très importante (galopante)	rampant inflation
sans importance	unimportant, immaterial

Inciter

Il m'a incité à travailler davantage	He urged me to work harder *(sujet = personne)*
Cela m'a incité à travailler davantage	This prompted me to work harder *(sujet = chose)*

Intéressant

(qui intéresse)	interesting
(qui rapporte)	profitable

Intérêt

avoir un intérêt pour la science	have an interest in science
avoir des intérêts dans une affaire	have a stake in a business
Tu as tout intérêt à accepter	You'd do well to accept
Quel intérêt y a-t-il à faire cela ?	What's the point of doing this?
Il n'y a aucun intérêt à le faire	There's no point in doing it

Mal

Je me sens mal	I feel sick
J'ai mal au coude	My elbow hurts
J'ai mal à la gorge	I have a sore throat
Il parle mal le français	He speaks French badly
Est-ce que j'ai mal fait ?	Have I done wrong?
mal élevé	ill-bred / ill-mannered
mal à l'aise	ill-at-ease
Ce devoir m'a donné du mal	That paper gave me some trouble
C'est mal de mentir	It's wrong to lie
le bien et le mal	good and evil

Mort

(Adj) Il est mort depuis un an	He's been dead for a year
(Vb) Il est mort il y a un an	He died a year ago
craindre la mort	fear death
les vivants et les morts	the quick and the dead
un mort	a dead man
Il y a eu trois morts accidentelles	There were three fatalities

On

On m'en a parlé	I was told about it
On vous demande au téléphone	You're wanted on the phone
On dit que les Américains sont puritains	The Americans are said to be Puritan
On vient de voir ton père	We've just seen your father
On dirait qu'il va pleuvoir	It looks like rain
On dirait qu'il a neigé	It looks as though / You'd think it's been snowing
C'est terrible quand on n'arrive pas à se rappeler le nom de quelqu'un	It's awful when you can't remember someone's name

Peine

Ça en vaut la peine	It's worth it
Ça n'en vaut pas la peine	It's not worth it
Ça vaut la peine de se fatiguer	It's worth the trouble / the effort
Le film vaut la peine d'être vu	The film is worth seeing
La vie ne vaut pas la peine d'être vécue	Life isn't worth living
Ce n'est pas la peine de l'attendre	We / You needn't wait for him
Ce n'était pas la peine de l'attendre	We / You needn't have waited for him

Performant

une entreprise performante	a competitive firm
un cadre performant	a hard-driving executive
une voiture performante	a high-performance car
quelqu'un de performant	a high performer

Permettre

Il m'a permis de rester	He allowed me to stay
On m'a permis de rester	I was allowed to stay
Les routes ont permis de développer les échanges commerciaux	Roads allowed trade to develop Roads made it possible for trade to develop
L'informatique permet de travailler chez soi	Computers make it possible to work at home
Etre majeur permet de voter	Being over 18 entitles you to vote Being over 18 makes one eligible to vote

N.B. L'anglais n'accepte pas **allow to do sth.* Mais il accepte le passif :

La science permet de faire des progrès	Science allows progress to be made

Personne(s)

une personne	one person / one individual
deux personnes	two people
plusieurs milliers de personnes	several thousand people

Point de vue

d'un point de vue commercial	from a commercial point of view / viewpoint / standpoint
Nous comprenons votre point de vue	We understand your point of view
à mon point de vue (à mon avis)	in my view
Il a donné son point de vue	He expressed his views

Possibilité

C'est une possibilité (éventualité)	That's a possibility
J'ai eu la possibilité (l'occasion) d'y aller	I had the opportunity to go there

Premier

le premier jour	the first day
le premier fabricant de microprocesseurs	the leading chip maker
le premier joueur (au classement)	the top-ranking player

Problème

J'ai un problème	I've got a problem
J'ai des problèmes pour réparer mon vélo	I have problems / difficulties / trouble (in) fixing my bike
le problème du chômage des jeunes	the issue of youth unemployment
s'attaquer à un problème	address / tackle an issue
un problème insoluble	an intractable issue

Progrès

le progrès	progress
Je crois au progrès de l'humanité	I believe in the progress of mankind
faire des progrès	make progress *(Sg)* / make advances / strides
un progrès	an advance / a stride
un progrès capital	a breakthrough

Proposer

proposer (suggérer) qqch [à qqun]	propose / suggest sth [to s.o.]
proposer (offrir) qqch à qqun	offer sth to s.o. / offer s.o. sth
proposer de faire qqch	offer to do sth
Je lui ai proposé de prendre ma voiture	I suggested that he [should] take my car
Je me propose (= j'ai l'intention) de passer mes vacances à ne rien faire	I propose to spend my holiday doing nothing

Provoquer

(défier)	challenge / provoke
(causer)	cause / bring about

Regretter

Personne ne la regrette	Nobody regrets her
Je regrette qu'il ne soit pas là	I wish he were here
Je regrette d'avoir été si impoli	I regret being so rude / I wish I hadn't been so rude

Je regrette de ne pas l'avoir connue plus tôt	I wish I had known her sooner

Remarquer

Elle remarqua un homme	She noticed a man
Tu es sot, remarqua-t-il	You're silly, he remarked
Il me fit remarquer qu'il faisait nuit	He pointed out (to me) that it was dark

Représenter

représenter quelqu'un	represent somebody
La roue a représenté un progrès capital	The wheel was a major advance
Que représentent les lettres U.N. ?	What do the letters U.N. stand for ?
Je déteste tout ce qu'il représente	I hate all he stands for
Ce chiffre représente 1% du PIB	This figure accounts for 1% of GDP

Responsable

(Adj) responsable de	responsible for / in charge of
(qui doit rendre des comptes)	accountable
responsable devant quelqu'un	responsible / accountable to someone
(N) le responsable (chef)	the person in charge
le responsable (coupable)	the culprit / the one to blame
les responsables	those responsible

N.B. Il est impossible de dire **a responsible.*

Réussir

(personne ou entreprise)	succeed / be successful
(personne) réussir quelque chose	achieve something / make a success of something
réussir à faire quelque chose	manage to do something / succeed in doing something

Solution

la solution du problème	the solution to the problem
trois solutions	three alternatives
une solution de rechange	an alternative

une solution de remplacement pour	an alternative to
nous devons chercher d'autres solutions	we must try another approach

Volonté

(qualité morale)	willpower
(détermination)	commitment / will
avoir la volonté de faire qqch	be committed to doing sth / have the will to do sth

Vouloir (bien)

Au fait, je voulais vous dire…	I've been wanting to tell you…
Ce n'est pas ce que je voulais dire	That's not what I meant
Je veux que tout le monde ici se sente à l'aise	I want everyone here to feel comfortable
Je veux bien qu'il vienne ici	I don't mind if he comes here
Est-ce que vous voulez bien m'aider ?	Would you lend me a hand?
Je voudrais bien, mais il se fait tard	I'd like to, but it's getting late
Je veux bien le lui dire	I'm willing to tell him

II. Les mots anglais les plus malmenés

Il s'agit pour la plupart de mots qui ressemblent au français, mais dont la finale est différente.

1. Adjectifs en -IC et -ICAL

On ne doit pas confondre

▶ Adjectif - adjectif

an economic issue	*un problème économique*
an economical car	*une voiture économique*
the electric chair	*la chaise électrique*
an electrical engineer	*un ingénieur électricien*
a historic day	*un jour historique*
a historical novel	*un roman historique*
a politic decision	*une décision avisée*
a political agenda	*un programme politique*

▶ Nom - adjectif

a cleric	*un clerc, chef religieux*	clerical work	*travail de bureau*
a critic	*un détracteur / un critique (professionnel)*	critical	*critique*
an epic	*une épopée / un film à grand spectacle*	epic	*épique, homérique*
logic	*la logique*	logical	*logique*
a mechanic	*un mécanicien*	mechanical	*mécanique*
music	*la musique*	musical	*musical*
		a musical child	*un enfant doué pour la musique*
rhetoric	*la rhétorique, les grands discours*	rhetorical devices	*les procédés rhétoriques*
a topic	*un sujet (de discussion)*	topical issues	*problèmes actuels*

On a le droit de confondre

cynic(al)	stoic(al)
ethic(al)	strategic(al)
fanatic(al)	symbolic(al)
ironic(al)	tyrannic(al)
magic(al)	uneconomic(al)
sceptic(al)	

▶ Cas particulier

poetic *et* poetical *sont équivalents, sauf dans* poetic justice *justice immanente*

Les adjectifs en -IC

academic	*scolaire, universitaire*
apologetic	*(air, geste, sourire) d'excuse*
arthritic	
automatic	
basic	
capitalistic	
Catholic	
characteristic	
chauvinistic	*macho*
chronic	
cosmetic	*de surface, superficiel*
democratic	
diplomatic	
domestic	*intérieur, domestique*
dramatic	*spectaculaire*
drastic	*draconien*
dynamic	
electronic	
embryonic	*embryonnaire*
emphatic	*énergique (parole), catégorique, formel (personne)*
energetic	*énergique (personne)*
ethnic	
frantic	*frénétique*
graphic	*vivant, pittoresque (description, récit)*
hectic	*très mouvementé (vie), trépidant, fou (période)*

heroic	
Hispanic	
idealistic	
jingoistic	*chauvin*
lunatic	*fou, aliéné*
neurotic	*névrosé*
optimistic	
organic	*biologique (culture)*
pacific	
patriotic	
pessimistic	
public	
realistic	
sadistic	*sadique*

schizophrenic	
scientific	
simplistic	*simpliste*
spastic	*handicapé moteur*
specific	
static	
sympathetic	*compatissant*
systematic	
terrific	*formidable*
tonic	
touristic	*(péjoratif)*
tragic	
traumatic	*traumatisant*
xenophobic	

Les adjectifs en -ICAL

chemical	*chimique*
critical	*critique*
hypocritical	*hypocrite*
medical	
methodical	
paradoxical	*paradoxal*
psychological	
radical	
surgical	*chirurgical*

tactical	
technical	
technological	
theoretical	*théorique*
topical	*d'actualité*
typical	
whimsical	*capricieux, changeant*

Problèmes particuliers

anecdotique	anecdotal
antique	ancient
asiatique	Asian
bénéfique	beneficial
britannique	British
énergétique	energy (policy, resources…)
helvétique	Swiss
humoristique	humorous
informatique	computer (network, revolution, science…)
juridique	legal
laïque	secular

machiavélique	Machiavellian
maléfique	evil, malevolent
médiatique (qui concerne les médias)	media (coverage…)
médiatique (événement)	newsworthy, newsy
médiatique (personne)	charismatic
numérique	digital
périphérique	peripheral
touristique (non péjoratif)	tourist (agency…)
utopique	utopian

2. Autres adjectifs

Cas particuliers

frauduleux	fraudulent
instantané	instant
paranoïaque	paranoid
poli	polite
secret (personne)	secretive
secret (chose)	secret
solennel	solemn
soudain	sudden
sportif (personne)	sporty
subtil	subtle

Finale en -ABLE

prévisible	predictable
inhospitalier	inhospitable

Finale en -AL

anormal	abnormal
inégal	unequal
éducatif	educational
émotif	emotional
suicidaire	suicidal
centrifuge	centrifugal
saisonnier	seasonal
provisoire	provisional
transitoire	transitional

Finale en -ANT

indigné	indignant
significatif	significant

Finale en -ARIAN

autoritaire	authoritarian
égalitaire	egalitarian
humanitaire	humanitarian
libertaire	libertarian
sectaire	sectarian
totalitaire	totalitarian
barbare	barbarian

Finale en -ATE

approprié	appropriate
désespéré	desperate
élaboré	elaborate
modéré	moderate
passionné	passionate
privé	private
intime	intimate
légitime	legitimate
ultime	ultimate

Finale en -ED

déprimé	depressed
opprimé	oppressed
compliqué	complicated
désintéressé	disinterested
divisé	divided

habité	inhabited
inhabité	uninhabited
pollué	polluted
protégé	protected
sacré	sacred
talentueux	talented

Finale en -EOUS

courtois	courteous
piteux	piteous
simultané	simultaneous
spontané	spontaneous

Finale en -IAL

controversé	controversial
financier	financial
déférent	deferential
influent	influential
judiciaire	judicial

Finale en -IBLE

défendable	defensible
faisable	feasible
négligeable	negligible

Finale en -IED

digne	dignified
préoccupé	preoccupied

Finale en -IENT

efficace	efficient
obéissant	obedient
suffisant	sufficient

Finale en -ING

admiratif	admiring
prometteur	promising
stimulant	stimulating
tentant	tempting

Finale en -IOUS

atroce	atrocious
avare	avaricious
conscient	conscious
féroce	ferocious
fictif	fictitious
ostentatoire	ostentatious
précaire	precarious
pugnace	pugnacious
rebelle	rebellious
soupçonneux	suspicious
vorace	voracious

Finale en -IVE

innovant	innovative
offensant	offensive
oppressant	oppressive
provocant	provocative
conservateur	conservative
destructeur	destructive
protecteur	protective
avorté	abortive
soumis	submissive

Finale en -OUS

adultère	adulterous	*énorme*	enormous
cadavérique	cadaverous	*misogyne*	misogynous
chevaleresque	chivalrous	*monotone*	monotonous
monstrueux	monstrous	*polygame*	polygamous
anonyme	anonymous	*posthume*	posthumous
autonome	autonomous	*prospère*	prosperous
carnivore	carnivorous	*synonyme*	synonymous
crédule	credulous	*unanime*	unanimous
frivole	frivolous	*zélé*	zealous
glouton	gluttonous		

Finale en -UOUS

ambigu	ambiguous	*incongru*	incongruous
ardu	arduous	*ingénu*	ingenuous
assidu	assiduous	*superflu*	superfluous
continu	continuous	*sensuel*	sensuous

Finale en -UTE

absolu	absolute
résolu	resolute

3. Verbes

Cas particuliers

confondre (qqun)	confound	*choisir*	choose
confondre (qqch)	confuse	*concilier*	reconcile
déduire	deduce (= *conclure*)	*exploser*	explode
déduire	deduct (= *soustraire*)	*favoriser*	favour
		influer sur	influence
impliquer (qqun)	implicate	*légitimer*	legitimize
impliquer (qqch)	imply	*ridiculiser*	ridicule
tenter (qqun)	tempt	*sacrifier*	sacrifice
tenter (qqch)	attempt	*totaliser*	total
		(s')unir	unite
accéder à	gain access to		

Début différent

échanger	exchange	*remplacer*	replace
inverser	reverse		

<u>Finale en -ACT</u>

attirer	attract	*réagir*	react
extraire	extract	*soustraire*	subtract

<u>Finale en -ATE</u>

alterner	alternate	*évacuer*	evacuate
apprécier	appreciate	*exterminer*	exterminate
associer	associate	*frustrer*	frustrate
calculer	calculate	*hésiter*	hesitate
communiquer	communicate	*humilier*	humiliate
compliquer	complicate	*illustrer*	illustrate
concentrer	concentrate	*imiter*	imitate
confisquer	confiscate	*initier*	initiate
créer	create	*innover*	innovate
démontrer	demonstrate	*modérer*	moderate
dévaster	devastate	*motiver*	motivate
dicter	dictate	*négocier*	negotiate
émigrer	emigrate	*participer (à)*	participate (in)
éradiquer	eradicate	*vibrer*	vibrate

<u>Finale en -EAR</u>

apparaître	appear
disparaître	disappear

<u>Finale en -ECT</u>

corriger	correct	*protéger*	protect
élire	elect	*rejeter*	reject
négliger	neglect	*sélectionner*	select
perfectionner	perfect		

<u>Finale en -EL</u>

expulser	expel
repousser	repel

<u>Finale en -ICT</u>

contredire	contradict	*infliger*	inflict
prédire	predict	*dépeindre*	depict
affliger	afflict		

<u>Finale en -ISE</u>

pratiquer	practise	*promettre*	promise

Finale en -ISH

distinguer	distinguish	*établir*	establish
publier	publish	*finir*	finish
abolir	abolish	*languir*	languish
accomplir	accomplish	*nourrir*	nourish
bannir	banish	*polir*	polish
chérir	cherish	*punir*	punish
démolir	demolish	*ternir*	tarnish

Finale en -IT

bénéficier à	benefit
limiter	limit

Finale en -UCE

introduire	introduce	*reproduire*	reproduce
produire	produce	*séduire*	seduce
réduire	reduce	*(=tromper)*	

Finale en -UDE

conclure	conclude	*inclure*	include
exclure	exclude		

Finale en -UTE

constituer	constitute	*polluer*	pollute
contribuer	contribute	*saluer*	salute
distribuer	distribute		

Finale en -Y

appliquer	apply	*remédier à*	remedy
occuper	occupy		

4. Noms

Cas particuliers

changement	change	*progrès (un/des)*	progress *(Sg)*
chimie	chemistry	*protestation*	protest
coutume	custom	*sportif*	sportsman
épidémie	epidemic	*tribu*	tribe
pression	pressure	*organisme*	organisation
principe	principle	*(société)*	

organisme (biologie)	organism	*la politique*	politics
une politique	a policy	*les politiques (=hommes)*	politicians

Finale en -AL

approbation	approval	*proposition*	proposal
arrivée	arrival	*refus*	refusal
disposition	(at your) disposal	*renouvellement*	renewal
individu	individual	*survie*	survival

Finale en -ANCE

acceptation	acceptance	*disparition*	disappearance
apparition	appearance		

Finale en -ARIANISM

autoritarisme	authoritarianism	*sectarisme*	sectarianism
égalitarisme	egalitarianism	*totalitarisme*	totalitarianism

Finale en -CY

célibat	celibacy	*intimité*	intimacy
conspiration	conspiracy	*légitimité*	legitimacy
efficacité	efficiency	*papauté*	papacy
insuffisance	insufficiency		

Finale en -ENCE

inconvénient	inconvenience
obéissance	obedience

Finale en -ER / -OR

producteur	producer	*survivant*	survivor
trafiquant	trafficker		

Finale en -IA

euphorie	euphoria	*nostalgie*	nostalgia
hystérie	hysteria	*xénophobie*	xenophobia

Finale en -ICISM

cynisme	cynicism	*fanatisme*	fanaticism
érotisme	eroticism	*romantisme*	romanticism
exotisme	exoticism		

Finale en -ICS

(la) mécanique	mechanics	*(la) tactique*	tactics *(Pl)*

VOCABULAIRE

Finale en -IST

industriel	industrialist	*physicien*	physicist
scientifique	scientist	*psychiatre*	psychiatrist
athée	atheist	*stratège*	strategist
philanthrope	philanthropist	*thérapeute*	therapist

Finale en -ITIS

arthrite	arthritis	*méningite*	meningitis
bronchite	bronchitis	*tendinite*	tendinitis

Finale en -ITY

brièveté	brevity	*barbarie*	barbarity
clarté	clarity	*christianisme*	Christianity
féminité	femininity	*noblesse*	nobility
inégalité	inequality		

Finale en -IVE

conservateur	conservative	*représentant*	representative

Finale en -MENT

annonce	announcement	*investissement(s)*	investment *(Sg)*
excitation	excitement	*punition*	punishment

Finale en -SHIP

censure	censorship	*relation*	relationship
dictature	dictatorship	*sportivité*	sportsmanship
championnat	championship		

Finale en -TION

explication	explanation	*consommation*	consumption

Finale en -TY

certitude	certainty	*royauté*	royalty
loyauté	loyalty	*souveraineté*	sovereignty
nouveauté	novelty	*subtilité*	subtlety

Finale en -Y

monopole	monopoly	*subvention*	subsidy

Noms propres

▶ **Villes et régions françaises**

Dunkerque	Dunkirk	*Lyon*	Lyons

Marseille	Marseilles	*Corse*	Corsica
Reims	Rheims	*Gascogne*	Gascony
Bourgogne	Burgundy	*Normandie*	Normandy
Bretagne	Brittany	*Picardie*	Picardy

▶ **Villes étrangères**

Alger	Algiers	*La Haye*	The Hague
Anvers	Antwerp	*Le Caire*	Cairo
Athènes	Athens	*Le Cap*	Cape Town
Bagdad	Baghdad	*Lisbonne*	Lisbon
Bâle	Basle	*Londres*	London
Bruxelles	Brussels	*Manille*	Mañilla
Copenhague	Copenhagen	*Mexico*	Mexico City
Cracovie	Cracow	*Moscou*	Moscow
Damas	Damascus	*Pékin*	Beijing (Peking)
Gand	Ghent		
Gênes	Genoa	*Téhéran*	Tehran
Katmandou	Katmandu	*Varsovie*	Warsaw
La Havane	Havana		

III. Les mots-pièges

1. Les faux-amis à connaître absolument

Abuse

abuse s.o. *maltraiter, injurier qqun*
abuse resources *surexploiter des ressources*
abuse one's power *abuser de son pouvoir*

Abuser

(tromper) abuser qqun deceive s.o.
abuser de l'alcool drink too much
abuser des bonnes choses overindulge in good things

Academic

academic performance *résultats scolaires*
an academic *un universitaire*

Achieve

achieve an ambition *réaliser une ambition*
achieve a goal *atteindre un but*
an achieving woman *une femme qui réussit*
How did he achieve that? *Comment a-t-il réussi à faire ça ?*

Achever

(terminer) finish, complete

Actually	*Actuellement*
en fait, effectivement	now, at present, currently
Affluence	*Affluence*
richesse, abondance	crowds *(Pl)*
Agenda	*Agenda*
ordre du jour, programme	diary
Alienate	*Aliéné*
alienate s.o. *s'aliéner qqun, se mettre qqun à dos*	*(Adj)* mad, insane
feel alienated *se sentir exclu*	*(N)* madman
Alternative	*Alternative*
no other alternative *pas d'autre solution*	*(dilemme)* dilemma
an alternative to *une solution de remplacement pour*	
alternative fuels *les énergies nouvelles*	
Application	
candidature, demande	
application, mise en œuvre	
Argument	
dispute	
argument	
Attend	*Attendre*
attend a meeting *assister à une réunion*	*attendre qqun* wait for s.o.
attend to a task *s'occuper d'une tâche*	*attendre qqch de qqun* expect sth from s.o.
Benefit	*Bénéfice*
costs and benefits *les coûts et les avantages*	*(avantage)* benefit
welfare benefits *les prestations sociales*	*(profit)* profit
	dégager des bénéfices make profits
Case	*Case*
a case of whisky *une caisse de whisky*	*retour à la case départ* back to square one

a drug case *une affaire de drogue*

make the case for sth *plaider pour qqch*

La case de l'oncle Tom Uncle Tom's Cabin

<u>Chance</u>

pure chance *le plus grand des hasards*

if I get the chance *si j'en ai l'occasion*

take chances *prendre des risques*

have a good chance of succeeding *avoir de bonnes chances de succès*

Chances are that… *Il y a toutes les chances pour que…*

have little chance of… *avoir peu de chances de…*

<u>Chance</u>

la chance luck

un coup de chance a stroke of luck

tenter sa chance try one's luck

<u>Charge</u>

charge s.o. for sth *faire payer qqch à qqun*

charge s.o. with sth *accuser, inculper qqun de qqch*

<u>Charger</u>

charger un camion load a lorry

charger qqun de qqch put s.o. in charge of sth

<u>Commodity</u>

marchandise, matière première

<u>Commodité</u>

convenience

<u>Comprehensive</u>

a comprehensive article *un article détaillé, exhaustif*

a comprehensive peace settlement *un accord de paix global*

<u>Compréhensif</u>

understanding, sympathetic

<u>Concrete</u>

béton

concret

<u>Confidence</u>

have confidence in s.o. *avoir confiance en qqun*

in confidence *en confidence, confidentiellement*

a con man (= a confidence man) *un escroc*

<u>Consider</u>

consider a measure *envisager une mesure*

consider s.o. as *considérer qqun comme*

<u>Content</u>
the contents l*e contenu*
table of contents *table des matières*
be content with *se contenter de*

<u>Content</u>
être content de be happy / pleased with

<u>Course</u>
change course *changer de cap*
a course of action *une action, une ligne de conduite*
an English course *un stage d'anglais*
a crash course *un cours accéléré*
a golf course *un terrain de golf*
a matter of course *une chose naturelle, qui va de soi*

<u>Course</u>
race

<u>Critic</u>
a critic *un détracteur*
a film critic *un critique de cinéma*

<u>Critique(r)</u>
une critique (négative) a criticism
critiquer criticize

<u>Critique</u>
a critique *une analyse (d'une œuvre, d'une théorie...)*

<u>Current *(Adj)*</u>
the current system *le système actuel*
a current account *un compte courant*

<u>Courant (Adj)</u>
(fréquent) common, commonplace

<u>Decade</u>
décennie

<u>Décade</u>
une décade a ten-day period

<u>Deceive</u>
tromper

<u>Décevoir</u>
disappoint

<u>Deception</u>
tromperie

<u>Déception</u>
disappointment

<u>Definitely</u>
absolument, tout à fait

<u>Définitivement</u>
definitively, for good

<u>Demand</u>
demand sth *exiger qqch*
supply and demand *l'offre et la demande*

<u>Demander</u>
demander qqch ask for sth

<u>Deputy</u> *adjoint*	<u>*Député*</u> *(français)* deputy *(britannique)* member of Parliament, M.P. *(américain)* representative, Congressman
<u>Deserve</u> *mériter*	<u>*Desservir*</u> *(Train) desservir une ville* serve a town *desservir la table* clear the table *desservir qqun* put s.o. at a disadvantage
<u>Difference</u> *différence* *différend, désaccord*	
<u>Digital</u> *numérique*	<u>*Digital*</u> *empreintes digitales* fingerprints
<u>Dispose of</u> *se débarrasser de*	<u>*Disposer de*</u> *disposer de qqch* have sth at one's disposal
<u>Dispute</u> industrial dispute *conflit du travail* dispute sth *contester / discuter qqch*	<u>*Dispute(r)*</u> *(querelle)* quarrel, row *disputer qqun* tell s.o. off *se disputer* quarrel, argue, have an argument
<u>Dramatic</u> *spectaculaire*	<u>*Dramatique*</u> *un accident dramatique* a tragic accident
<u>Editor</u> *rédacteur en chef, directeur de la rédaction*	<u>*Éditeur*</u> publisher
<u>Elector</u> *grand électeur*	<u>*Électeur*</u> voter
<u>Eventually</u> *pour finir, à la longue*	<u>*Éventuellement*</u> possibly
<u>Evidence</u> it is evidence that *c'est la preuve que*	<u>*Évidence*</u> *C'est une évidence* This is obvious / evident

historical evidence *les faits historiques*
give evidence *déposer (au tribunal)*
be in evidence *être en évidence, en vue*

N.B. Ce mot ne se met jamais au pluriel.

<u>Expose</u>
exposer
dénoncer, mettre au grand jour

<u>Fabric</u>
tissu, structure

<u>Fabrique</u>
(établissement) factory

<u>Fatality</u>
mort accidentelle

<u>Fatalité</u>
(destin) fate

<u>Figure</u>
chiffre
silhouette
keep one's figure *garder la ligne*
figure (historique)

<u>Figure</u>
(visage) face
faire bonne figure put up a good show

<u>Fuel</u>
carburant, combustible
fossil fuels *les énergies fossiles*
fuel-oil *fioul (terme générique)*

<u>Fioul</u>
(mazout) heating-oil
(gazole) diesel

<u>Gas</u>
gaz
essence (US)

<u>Global</u>
mondial, planétaire
the global economy *l'économie mondialisée*

<u>Global</u>
general, comprehensive

<u>Hazard</u>
danger, risque
occupational hazards *les risques du métier*

<u>Hasard</u>
le hasard chance
par hasard by chance
au hasard at random

<u>Intelligence</u>
intelligence
an intelligence agent *un agent de renseignement*

Issue
question, problème
an election issue *un thème de campagne électorale*
numéro de journal
take issue with *marquer son désaccord avec*

Issue
(sortie) exit
(solution) way out, solution
(fin) outcome

Journey
voyage

Journée
day

Lecture
conférence, cours magistral
sermon
lecture s.o. *sermonner qqun, faire la leçon à qqun*

Lecture
la lecture reading

Legislature
corps législatif
congrès d'un Etat (US)

Législature
(durée) term (of office)

N.B. *A ne pas confondre avec* Congress *Congrès fédéral*

Liberal
a liberal offer *une proposition généreuse*
liberal studies *programme de culture générale*
liberal economics *(GB) l'économie libérale*
a liberal *(US)*[1] *un progressiste, un réformiste*

Libéral(isme)
l'économie libérale a market economy *(US)*
un libéral (en politique) a conservative *(US)*
le libéralisme (économique) laissez-faire

N.B. *Les Américains n'utilisent jamais* liberal *dans son sens européen.*

Library
bibliothèque

Librairie
bookshop *(GB)*, bookstore *(US)*

Management
management *la gestion, le "management"*

---

[1] Un *liberal* américain est favorable à l'intervention de l'État dans la vie sociale et économique.

VOCABULAIRE

management *les patrons, le patronat*
[the] management *la direction / l'encadrement / la hiérarchie (de l'entreprise)*

<u>Match</u>
match
allumette
mariage, alliance
a match-maker *une entremetteuse, une mère marieuse*
They're a good match *Ils sont bien assortis*
He's a good match *C'est un bon parti*

<u>Mechanic</u>
mécanicien

<u>Mécanique</u>
(Adj) mechanical
(N) mechanics

<u>Parking</u>
le stationnement
No parking *Stationnement interdit*

<u>Parking</u>
car park *(GB)*
parking lot *(US)*

<u>Party</u>
parti
groupe (de personnes)
a third party *un tiers*
the party is over *la fête est finie*

<u>Partie</u>
une partie de tennis a game of tennis
une partie de l'argent part of the money
en partie in part, partly

<u>Performance</u>
représentation (théâtrale)
résultats (scolaires, économiques)
exécution, interprétation (musicale)
performance

<u>Petrol</u>
essence

<u>Pétrole</u>
oil

<u>Place</u>
a nice place *un endroit agréable*
in your place *à ta place*
give place to *céder la place à*

<u>Place</u>
la place Rouge Red Square
beaucoup de place a lot of space / room

<u>Prejudice</u>
préjugé(s)

<u>Préjudice</u>
(perte) loss
(moral) harm, damage, wrong

Pretend
pretend that *faire comme si*
pretend to be asleep *faire semblant de dormir*

Prétendre
(affirmer) claim, assert
(sans preuves) allege

Progressive
progressif
progressiste

Qualify
qualify a statement *nuancer un jugement*
qualify for *se qualifier pour, remplir les conditions pour*

Qualifier
qualifier qqun de menteur call s.o. a liar

Rampant
qui sévit, qui fait rage

Rampant
(animal) crawling, creeping
(plante) creeping
(= soumis) grovelling

Reckon
calculer
reckon that *estimer que*

Reconnaître
(identifier) recognize
(admettre) admit, acknowledge

Reconcile
reconcile sth with sth *concilier qqch avec qqch*
reconcile s.o. to sth *réconcilier qqun avec qqch*

Record
record
disque
registre officiel, archives
have a criminal record *avoir un casier judiciaire*
off the record *officieusement, entre nous*

Refuse
refuser
déchets

Refus
refusal

Relief
relief
soulagement
relief organizations *organisations humanitaires*

Resent	*Ressentir*
resent s.o. *en vouloir à qqun*	feel
resent sth *s'offusquer de qqch*	

Resign
resign one's post *démissionner de son poste*
be resigned *être résigné*

Resume	*Résumer*
reprendre (une activité)	sum up
War has resumed *La guerre a repris*	
Résumé	*Résumé*
C.V.	summary
Retreat	*Retraite(r)*
battre en retraite	*(déchets)* reprocess
	partir en retraite retire
Riches	*Riches*
richesses	*les riches* the rich, the wealthy
Rude	*Rude*
grossier, impoli	*(rugueux)* rough
a rude shock *un choc brutal*	*(pénible)* hard, tough
Sanction	*Sanctionner*
sanction *approuver , autoriser*	*(punir)* punish
economic sanctions *des sanctions économiques*	
Sensible	*Sensible*
raisonnable	*(personne)* sensitive
	(progrès) noticeable
Silicon	*Silicone*
silicium	silicone
Society	*Société*
society *la société*	*(commerciale)* company, firm
a society *une association*	

<u>Stage</u>
scène (de théâtre, internationale...)
étape

<u>*Stage*</u>
(période) training period
(cours) training course

<u>Stock</u>
stock
take stock of the situation *évaluer la situation*
stocks *titres boursiers*

<u>Term</u>
terme, mot
come to terms with one's problems *accepter ses problèmes*
a term (of office) *un mandat (présidentiel...)*
credit terms *conditions de crédit*
the summer term *le troisième trimestre*

<u>Trouble</u>
have trouble reading *avoir du mal à lire*
be in trouble *avoir des ennuis*
a summer of troubles *un été " chaud "*
a troublemaker *un fauteur de trouble, un perturbateur*

<u>*Troubler*</u>
disturb

<u>Union</u>
union
syndicat

<u>Utility</u>
industrie de service public (eau, gaz, électricité, téléphone)

<u>*Utilité*</u>
usefulness

<u>Valuable</u>
précieux

<u>*Valable*</u>
(légitime) valid, legitimate
(qui a du mérite) decent, worthwhile

<u>Versatile</u>
aux talents variés, polyvalent

<u>*Versatile*</u>
(capricieux, changeant) fickle, whimsical

<u>West Indian</u>
Antillais

2. Autres mots-pièges

according to

Ne sert jamais à faire part de sa propre opinion :

according to him	*d'après lui*
according to the law	*selon la loi*

N.B. Pour donner sa propre opinion :

in my view, in my opinion	*d'après moi*

Adjectifs en -LY

Il existe une quinzaine d'adjectifs en -LY. Cette terminaison peut faire croire à tort qu'on a affaire à un adverbe dans les cas suivants :

elderly	*âgé*			
the elderly	*le troisième âge*			
deadly	*(poison) mortel*	mais	*mortellement atteint*	mortally wounded
lowly	*(personne, condition) modeste*	mais	*bassement*	despicably
friendly	*amical*	mais	*amicalement*	in a friendly way
I feel poorly	*Je me sens souffrant*	et	*pauvrement vêtu*	poorly dressed
likely	*probable*	et	*probablement*	

N.B. Noter la construction :
He's likely to refuse *Il risque de refuser*
She's likely to win *Il est probable qu'elle va gagner*

all but

▶ **Devant un nom**

all but the richest people	*tous, à l'exception des plus riches*

▶ **Devant un verbe ou un adjectif**

It has all but ruined him	*Ça l'a pratiquement ruiné*
She all but fainted	*Elle faillit s'évanouir*
The vote was all but inevitable	*Le scrutin était quasi-inévitable*

also

Souvent confondu avec l'allemand *also.*
His first wife was also called Margaret *Sa première femme s'appelait aussi Margaret*

It also suited both of them	*Ça les arrangeait aussi tous les deux*

awkward

feel awkward	*se sentir gauche, embarrassé*
an awkward situation	*une situation embarrassante*

but for

But for you I wouldn't be here today	*Sans vous, je ne serais pas là aujourd'hui*

cash

pay cash	*payer comptant*
pay in cash	*payer en espèces*

chair

Terme générique pour désigner un siège.

on his chair	*sur sa chaise*
in his chair	*dans son fauteuil*
chair a meeting	*présider une séance*

cooker

a cooker *une cuisinière (appareil)* mais *un cuisinier / une cuisinière* a cook

country

pays / campagne (selon le contexte)

doubtful

She looked doubtful	*Elle ne semblait guère convaincue*
It is doubtful whether…	*Il n'est pas sûr que…*
He's a doubtful ally	*C'est un allié peu sûr*

farther et further

Further est de loin le plus fréquent des deux. Il convient dans tous les cas. *Farther* ne s'applique qu'aux distances.

We can't go any further / farther	*On ne peut pas aller plus loin*
I got no further with him	*Je ne suis arrivé à rien de plus avec lui*
He never read further than Chapter 1	*Il n'a jamais dépassé le premier chapitre*

<u>fearful</u>

He's a fearful boy	*C'est un garçon craintif*
There was a fearful accident	*Il y a eu un terrible accident*

<u>for all</u>

▶ Devant un nom concret

for all the people there	*pour tous les gens présents*

▶ Devant un nom abstrait

for all his efforts	*malgré tous ses efforts*
for all their wealth	*malgré toute leur richesse*

<u>free</u>

The slave who escaped became a free man	*L'esclave qui s'échappait devenait un homme libre*
free speech	*la liberté d'opinion*
Feel free!	*Je t'en prie ! / Ne vous gênez pas !*
a free lunch	*un repas gratuit*
I got it for free	*Je l'ai eu pour rien*

<u>get away with it</u>

Ne signifie pas " partir avec qqch ", mais " rester impuni ".

He broke the law and got away with it	*Il a enfreint la loi, et il n'a pas été inquiété*

<u>good et well</u>

▶ good

Be good!	*Sois sage !*
a good man	*quelqu'un de bien*
That's very good of you	*C'est très aimable à vous*
That's good enough for me	*Ça me suffit*
Nothing's good enough for her	*Rien n'est assez beau pour elle*
I want something good	*Je veux quelque chose de bien*
Milk is good for children	*Le lait est bon pour les enfants*

▶ well

Well done!	*Bravo !*
Everything is going well	*Tout va bien*
He's doing well at school	*Il marche bien à l'école*
The patient is doing well	*Le malade est en bonne voie*

I know the place well	*Je connais bien l'endroit*
You would do well to think about it	*Vous feriez bien d'y penser*

hardly

Contrairement aux apparences, ne signifie pas " avec difficulté ", mais " à peine ".

I hardly knew him	*Je le connaissais à peine*
She had hardly any money	*Elle n'avait presque pas d'argent*
Hardly had he got back when the phone rang	*Il était à peine rentré que le téléphone sonnait*

have reason

I have reason to believe that…	*J'ai des raisons de croire que…*
I have good reason to believe that…	*J'ai de bonnes raisons de croire que…*

N.B. Ne pas confondre avec " avoir raison " :

You were right	*Vous aviez raison*

health et wealth

health	*santé*
wealth	*richesse*
healthy	*en bonne santé*
wealthy	*riche*

help

If I can help you…	*Si je peux vous aider…*
If I can help it…	*Si je peux faire autrement…*
I can help you move the table	*Je peux t'aider à déplacer la table*
I can't help smoking	*Je ne peux pas m'empêcher de fumer*
I can't help it	*Je n'y peux rien / C'est plus fort que moi*

helpless

Ne signifie pas " sans aide ".

He was helpless *Il était impuissant / Il ne pouvait rien faire*

in office et in the office

The president is still in office	*Le président est toujours en fonction*

VOCABULAIRE

The president is still in his office	*Le président est toujours dans son bureau*

<u>let alone</u>

Ne signifie pas “ laisser seul ”, mais “ sans parler de ”, “ ni à plus forte raison ”, “ ni a fortiori ”.

He can hardly walk, let alone run	*Il ne peut guère marcher, et encore moins courir*

<u>look down on</u>

Ne signifie pas littéralement “ regarder vers le bas ”, mais “ mépriser ”, “ regarder de haut ”.

She always looks down on other people	*Elle regarde toujours les gens de haut*

<u>look out</u>

Look out!	*Attention !*
I told you to look out!	*Je t'avais bien dit de faire attention !*
She looked out of the window	*Elle regarda par la fenêtre*

<u>melancholy</u>

Est presque toujours adjectif, au sens de “ mélancolique ”.

<u>miss</u>

I missed my train	*J'ai manqué mon train*
I miss you	*Tu me manques*

<u>precise</u>

N'est jamais un verbe.

precise details	*des détails précis*

N.B. Ne pas confondre avec :

Could you be more specific?	*Pouvez-vous préciser ?*
specify / clarify an idea	*préciser une idée*
I'll let you know about the date later on	*Je vous préciserai la date plus tard*

<u>right et wrong</u>

▶ **right**

Peut signifier “ à droite ”, “ exact ” ou “ bien ” (sens moral).

right hand	*main droite*
right-handed	*droitier (Adj)*
drive on the right	*conduire à droite*
to your right	*à votre droite*
You're right	*Vous avez raison*
the right answer	*la bonne réponse*
the right man in the right place	*l'homme qu'il faut là où il faut*
This is the right train	*C'est le bon train*
It isn't right to lie	*Ce n'est pas bien de mentir*
do the right thing	*bien agir*

▶ **wrong**

Peut signifier " erroné ", " anormal " ou " mal " (sens moral).

a wrong answer	*une réponse fausse*
You're quite wrong	*Vous vous trompez*
It happened at the wrong time	*C'est arrivé à un moment inopportun*
He got on the wrong train	*Il n'a pas pris le bon train*
She married the wrong man	*Elle n'a pas épousé l'homme qu'il lui fallait*
There's something wrong with my watch	*Ma montre ne marche pas bien*
What's wrong?	*Qu'est-ce qui ne va pas ?*
There's nothing wrong	*Tout va bien*
It's wrong to lie	*C'est mal de mentir*
You were wrong to hit him	*Tu as eu tort de le frapper*

<u>sale</u>

Signifie, selon le contexte, " vente " ou " soldes ".
Exemples d'affiches vues :

For sale	*A vendre*
Not for sale	*Cet article n'est pas à vendre*
Sale	*Soldes*
Not in the sale	*Article non soldé*

<u>see that</u>

Abréviation de *see to it that.*

See (to it) that the doors are locked	*Veille à ce que les portes soient bien fermées*
She saw that the girl had nice clothes	*Elle veilla à ce que la jeune fille ait de jolis vêtements*

N.B. " Voir que " se traduira par *notice that* ou *can see that.*

<u>suspicious</u>

He shot a suspicious glance at me — *Il me lança un regard soupçonneux*
They are suspicious of his intentions — *Ils se méfient de ses intentions*
They are suspicious that… — *Ils soupçonnent que…*

A suspicious aircraft was spotted — *On repéra un avion suspect*
It looks suspicious — *Ça semble louche*

<u>through</u>

The nail went through — *Le clou est passé à travers*
I got it through my friend — *Je l'ai obtenu grâce à / par l'intermédiaire de mon ami.*

I saw through her — *J'ai vu clair dans son jeu*

Are you through ? *(GB)* — *Avez-vous votre correspondant (en ligne) ?*

Are you through ? *(US)* — *Avez-vous terminé (de téléphoner, etc.) ?*

through September *(US)* — *jusqu'à la fin du mois de septembre*

<u>well-considered</u>

Ne signifie pas “ bien considéré ”, mais “ mûrement réfléchi ”.
a well-considered decision — *une décision mûrement réfléchie*

N.B. Ne pas confondre avec :

a highly-regarded person — *une personne bien considérée*

<u>widespread</u>

N'est jamais un verbe (confusion avec *spread*).
a widespread opinion — *une opinion très répandue*

N.B. Ne pas confondre avec :

This opinion has been spreading widely — *Cette opinion s'est largement répandue*

<u>willingness</u>

Ne signifie pas “ volonté ”, mais “ bonne volonté ”.
I doubt his willingness — *Je doute de sa bonne volonté*
I was grateful for his willingness to help — *Je lui étais reconnaissant de bien vouloir m'aider*

N.B. Ne pas confondre avec :

He was determined to act — *Il avait la volonté d'agir*
I'm committed to getting the bill passed — *J'ai la volonté de faire adopter la loi*

with

Deux sens possibles prêtent à confusion : “ avec ” et “ chez ”.
He’s living with her *Il vit avec elle / Il habite chez elle*
She works with us *Elle travaille avec nous / chez nous*

IV. Les verbes à ne pas confondre

1. ACCEPT et AGREE

accept

▶ **Suivi d’un nom**

I accepted their offer	*J’ai accepté leur proposition*
He accepted the facts	*Il a admis les faits*

▶ **Suivi d’une complétive**

I accept that…	*Je reconnais / conviens que…*

▶ **Suivi de -ING**

She accepted doing the job	*Elle a accepté de faire le travail*

agree

▶ **Suivi d’une préposition**

I agree with her	*Je suis d’accord avec elle*
We agree on that	*Nous sommes d’accord là-dessus*
He agreed to the plan	*Il a donné son accord au projet*
She agreed to do the job	*Elle a accepté de faire le travail*

▶ **Suivi d’une complétive**

I agree that…	*Je reconnais que…*

2. AFRAID, FRIGHTEN et SCARE

afraid

N’est pas un verbe, mais un adjectif :

Don’t be afraid of the wolf	*N’ayez pas peur du loup*
I’m afraid to go out / of going out	*J’ai peur de sortir*

frighten, scare

You frightened / scared me	*Vous m’avez fait peur*
be frightened / scared of	*avoir peur de*

VOCABULAIRE

3. ALLOW, PERMIT, ENABLE et MAKE IT POSSIBLE

allow, permit

allow / permit s.o. to do sth	*permettre à qqun de faire qqch*
Smoking is allowed / permitted	*Il est permis de fumer*
She's allowed / permitted to leave	*Elle a l'autorisation de partir*

N.B. Il est impossible de supprimer le complément personnel dans une phrase à la voix active ; on ne peut pas dire **allow to do sth.*

enable

His new salary enabled him to buy a bigger car *Son nouveau salaire lui a permis d'acheter une plus grosse voiture*

make it possible

Technological progress made it possible to walk on the moon *Le progrès technique a permis de marcher sur la lune*
Technological progress made it possible for man to walk on the moon *Le progrès technique a permis à l'homme de marcher sur la lune*

4. APPEAR, LOOK et SEEM

appear

Exprime un fort degré de probabilité :

It appears that… *Il apparaît que… / Il semble bien que…*

look

Renvoie à l'apparence visible :

You look tired	*Tu as l'air fatigué*
It looks like rain	*On dirait qu'il va pleuvoir*
It looks as though it's been raining	*On dirait qu'il a plu*

seem

Ne fait pas intervenir le sens de la vue :

She seemed happy	*Elle semblait heureuse*
It seems I was wrong	*Il semble que je me sois trompé*

5. ARISE, RISE, RAISE, ROUSE et AROUSE

arise, arose, arisen

Should a difficulty arise,…	*Si un problème survenait,…*

rise, rose, risen

The sun rises in the East	*Le soleil se lève à l'Est*
Inflation is rising	*L'inflation augmente*

raise, raised, raised

raise wages	*augmenter les salaires*
raise a question	*soulever une question*

Voici un moyen mnémotechnique pour ne plus confondre RISE et RAISE :

RISE est Intransitif
RAISE est trAnsitif

rouse, arouse

Pas de grande différence entre ces deux verbes :

rouse / arouse s.o.	*réveiller qqun*
rouse / arouse suspicions	*éveiller les soupçons*
rouse / arouse interest	*susciter l'intérêt*

6. AVOID et SPARE

avoid

avoid an accident	*éviter un accident*
avoid making mistakes	*éviter de faire des erreurs*

spare

If I can spare you the trouble…	*Si je peux vous éviter / épargner ce tracas…*

7. AWAIT, WAIT et EXPECT

await

await a decision	*attendre une décision*
await death	*attendre la mort*

wait

He stood there waiting	*Il restait là à attendre*
I've been waiting for you	*Tu m'as fait attendre*
I waited for him to get back	*J'ai attendu qu'il rentre*

N.B. La proposition complétive est impossible ; on ne peut pas traduire littéralement “ attendre que ”.

VOCABULAIRE

<u>expect</u>

I was expecting you	*Je vous attendais*
What do you expect of me?	*Qu'attendez-vous de moi ?*
I expected him to get back	*Je m'attendais à ce qu'il revienne*
We expect that unemployment will go down soon	*Nous nous attendons à une baisse prochaine du chômage*

8. AWAKE, AWAKEN, WAKE (UP) et WAKEN

<u>awake</u>

awake	*se réveiller*
awake to sth	*prendre conscience de qqch*
awake s.o.	*réveiller qqun*

N.B. Ne pas confondre avec l'adjectif *awake* :

I was still awake at 3	*A trois heures, je ne dormais toujours pas*

<u>awaken, waken, wake (up)</u>

Variantes de *awake.*

N.B. Ces quatre verbes peuvent traduire " réveiller / se réveiller ". Noter cependant que *wake up* est le plus courant et donc le plus naturel des quatre.

9. BEEN et GONE

I've been to London	*Je suis allé à Londres (et j'en suis revenu)*
He's gone to London	*Il est parti pour Londres (il n'en est pas revenu)*

N.B. *Gone* peut être adjectif pour signifier l'absence, définitive ou non.

He is gone for good	*Il est parti pour de bon*
How long has he been gone?	*Depuis combien de temps est-il absent ?*

10. BEGIN, START et COMMENCE

<u>begin, start</u>

A peu près interchangeables :

begin to do / doing sth	*commencer à faire qqch*
start to do / doing sth	

N.B. *start* signifie également " sursauter ".

commence

A réserver aux dates officielles :

School commences on September 5th *La rentrée aura lieu le 5 septembre*

11. BORN et BORNE

born

Adjectif qui signifie " né ". Il peut exprimer un état (l'existence), d'où le présent simple dans :

A saviour is born to us — *Un sauveur nous est né*
A new star is born — *Une nouvelle étoile est née*

Mais la plupart du temps, cet adjectif exprime un événement (la naissance), d'où le prétérit dans :

When were you born? — *Quand êtes-vous né ?*
Jesus was born in 6 B.C. — *Jésus est né en 6 avant J.C.*

borne

Participe passé de *bear.* Se construit donc avec l'auxiliaire *have* :

This tree hasn't borne fruit — *Cet arbre n'a pas donné de fruits*
She has borne him a son — *Elle lui a donné un fils*

12. BRING et TAKE

bring

Indique un mouvement de rapprochement :

Bring me the paper — *Apporte-moi le journal*
You can bring your girl-friend — *Tu peux amener ta petite amie*

take

Indique au contraire un éloignement :

Take it back — *Rapporte-le*
Take me to the station — *Emmenez-moi à la gare*

13. CARE ABOUT, CARE FOR et TAKE CARE OF

Le verbe *care,* qui n'a pas d'équivalent en français, exprime l'intérêt, le souci, l'absence d'indifférence.

I don't care — *Je m'en moque*
I care — *Je ne reste pas indifférent*
People who care — *Les gens qui pensent aux autres*

care about

Money is all he cares about	*Il n'y a que l'argent qui l'intéresse*
We care about the environment	*Nous nous soucions de l'environnement*

care for

Nurses care for their patients	*Les infirmières s'occupent de leurs malades*
Would you care for a scotch?	*Voulez-vous un whisky ?*
I don't care for her	*Elle ne me plaît guère*

take care of

Take care of yourself!	*Prends bien soin de toi !*
I'll take care of that	*Je vais m'en occuper*

14. CRY, SHOUT et WEEP

cry

Stop crying!	*Arrête de pleurer !*
He cried all night	*Il a pleuré toute la nuit*
" Look out! " he cried	*" Attention ! "s'écria-t-il*

shout

Stop shouting!	*Arrête de crier !*
They shouted for joy	*Ils poussèrent des cris de joie*
He shouted for help	*Il appela au secours*

weep

She wept for him	*Elle le pleura (langue écrite seulement)*

15. DO et MAKE

do

do sth	*faire qqch*
do a favour	*rendre un service*
do a job	*faire un travail*
do business	*faire des affaires*
do good	*faire du bien*

do harm	*faire du mal*
do one's best	*faire de son mieux*
do one's duty	*faire son devoir*
do sport	*faire du sport*
do the cooking	*faire la cuisine*
do the shopping	*faire les courses*
do the washing-up	*faire la vaisselle*

<u>make</u>

make sth	*fabriquer qqch*
make a bed	*faire un lit*
make a choice	*faire un choix*
make a fire	*faire du feu*
make a fuss	*faire des histoires*
make an effort	*faire un effort*
make noise	*faire du bruit*
make a present	*faire un cadeau*
make progress	*faire des progrès*
make a statement	*faire une déclaration*
make sense	*avoir du sens*
make a mistake	*commettre une erreur*
make a phone call	*donner un coup de téléphone*
make money	*gagner de l'argent*
make a mess	*mettre la pagaille*
make an appointment	*prendre un rendez-vous*
make arrangements	*prendre des dispositions*
make a decision	*prendre une décision*
make friends (with)	*sympathiser (avec)*

VOCABULAIRE

16. EXPERIENCE et EXPERIMENT

<u>experience</u>

experience sth	*vivre qqch*
experience hardships	*connaître des épreuves*

<u>experiment</u>

experiment with a new technique	*expérimenter une nouvelle technique*
He experimented on his patient	*Il fit des expériences sur son malade*

17. FIT et SUIT

fit

This jacket fits me	*Cette veste me va*
The theory fits the facts	*La théorie s'applique bien aux faits*
The key doesn't fit	*La clé ne va pas*
It doesn't fit	*Ça ne cadre pas*

suit

This jacket suits you	*Cette veste vous va bien*
That suits me fine	*Ça me convient parfaitement*
His resignation suits me	*Sa démission m'arrange*

18. FORGET et LEAVE

forget

Pas de complément de lieu :

I forgot my keys	*J'ai oublié mes clés*

leave

Est suivi d'un complément de lieu :

I left my keys in the car	*J'ai oublié mes clés dans la voiture*

Ou de l'adverbe *behind* :

I left my keys behind	*J'ai oublié mes clés*

19. GROW et GROW UP

grow

Concern is growing	*L'inquiétude grandit*
How you have grown!	*Comme tu as grandi !*
Potatoes don't grow here	*Les pommes de terre ne poussent pas ici*
He's grown a beard	*Il s'est laissé pousser la barbe*
I grow potatoes	*Je cultive des pommes de terre*

grow up

When I grow up…	*Quand je serai grand…*
a grownup	*un adulte*

20. HEAR et LISTEN

<u>hear</u>

I can't hear very well	*Je n'entends pas très bien*
Hear, hear!	*Bravo ! (au parlement)*
Can you hear me?	*M'entendez-vous ?*
I heard the news yesterday	*J'ai appris la nouvelle hier*

<u>listen</u>

I was listening to the radio	*J'écoutais la radio*
Listen!	*Ecoute !*
listen for suspicious noises	*guetter les bruits suspects*

21. HIRE, LET et RENT

<u>hire</u>

hire a car	*louer une voiture*
hire a worker	*embaucher un ouvrier*
a hired killer	*un tueur à gages*

<u>let</u>

let a house	*louer (= mettre en location) une maison*

<u>rent</u>

rent a car	*louer une voiture*
rent a flat	*louer un appartement*
rent out cars	*louer (= offrir en location) des voitures*

22. KEEP (ON), REMAIN et STAY

<u>keep, kept, kept</u>

keep working	*ne pas cesser de travailler*
keep trying	*ne pas relâcher ses efforts*
keep going	*ne pas se décourager*
It kept raining for two days	*Il n'a pas arrêté de pleuvoir pendant deux jours*

<u>keep on</u>

They kept on walking for a while	*Ils continuèrent de marcher quelque temps*

remain

He remained silent	*Il restait silencieux*
Much remains to be done	*Il reste beaucoup à faire*
That remains to be seen	*Cela reste à voir*

stay

stay at home	*rester chez soi*
stay for dinner	*rester à dîner*
stay in Paris	*séjourner à Paris*
stay in a hotel	*descendre à l'hôtel*

23. LACK, LACKING, MISS et MISSING

lack

lack ideas	*manquer d'idées*
lack originality	*manquer d'originalité*

lacking

Est un adjectif, qui se construit exclusivement comme attribut, seul ou avec un complément :

Innovation is lacking	*L'innovation est absente*
Money was lacking	*L'argent manquait*
He's not lacking in intelligence	*Il ne manque pas d'intelligence*

miss

I miss New York	*New York me manque*
He won't be missed	*Personne ne le regrettera*
I missed that	*Je n'ai pas compris*
You haven't missed much!	*Vous n'avez pas manqué grand-chose*

missing

Est un adjectif, qui se construit comme épithète et attribut, mais généralement sans complément :

a missing person	*une personne disparue*
the missing link	*le chaînon manquant*
Something is missing	*Il manque quelque chose*

24. LAY et LIE

lay, laid, laid

lay a book on the table	*poser un livre sur la table*
lay a carpet	*poser une moquette*
lay the table	*mettre la table*
lay an egg	*pondre un œuf*

lie, lay, lain

He was lying on the floor	*Il était étendu par terre*
The book lay on the table	*Le livre se trouvait sur la table*
There lies the problem	*C'est là qu'est le problème*

lie, lied, lied

He lied to me	*Il m'a menti*
She knew he was lying	*Elle savait qu'il mentait*

N.B. Il faut se souvenir que *lay* peut être un infinitif ou un prétérit selon le cas ; qu'il y a 2 verbes *lie* ; et enfin qu'on peut utiliser le moyen mnémotechnique indiqué à propos de *rise* et *raise* :

LIE est Intransitif
LAY est trAnsitif

25. LEAVE et LET

leave

She left yesterday	*Elle est partie hier*
She left him	*Elle l'a quitté*
Leave me alone	*Laisse-moi tranquille*
Leave it to me	*Je m'en charge*
Leave them to settle this matter themselves	*Laissez les régler ce problème eux-mêmes*

let

let s.o. do sth	*laisser qqun faire qqch*
He wouldn't let us go	*Il n'a pas voulu nous laisser partir*
Let me help you	*Laissez-moi vous aider / Attendez, je vais vous aider*
Let me see	*Voyons un peu*
Let's try	*Essayons*
Let him go	*Il n'a qu'à partir*

Let them settle this matter themselves	*Ils n'ont qu'à régler ce problème eux-mêmes*

26. LIKE BETTER, PREFER, WOULD RATHER, HAD BETTER et WOULD DO BETTER

<u>like better</u>

I like fish, but I like meat better	*J'aime bien le poisson, mais je préfère la viande*
I like meat better than fish	*Je préfère la viande au poisson*

<u>prefer</u>

I prefer meat to fish	*Je préfère la viande au poisson*
I prefer swimming to skiing	*Je préfère la natation au ski*
I'd prefer you to stay	*J'aimerais mieux que tu restes*

<u>would rather</u>

I'd rather stay than go	*J'aimerais mieux rester que de partir*
I'd rather you stayed	*J'aimerais mieux que tu restes*

<u>had better</u>

You'd better stay	*Tu ferais mieux de rester*
Hadn't you better stay ?	*Est-ce que tu ne ferais pas mieux de rester ?*

<u>would do better</u>

You'd do better to stay	*Tu ferais mieux de rester*

27. LOOK, SEE et WATCH

<u>look</u>

Look at that!	*Regarde-moi ça !*

<u>see</u>

Can you see what I see?	*Est-ce que tu vois ce que je vois ?*

<u>watch</u>

watch TV	*regarder la télévision*
watch a match	*regarder un match*
He was watching the crowd	*Il observait la foule*
He was watching for any suspects	*Il guettait les suspects éventuels*

28. OFFER, PROPOSE et SUGGEST

offer

He offered his wife a ring	*Il a offert une bague à sa femme*
He offered to do the job for me	*Il m'a proposé de faire le travail à ma place*
I offered myself for the mission	*Je me suis porté volontaire pour la mission*

propose

I propose to go to Spain	*J'ai l'intention d'aller en Espagne*
He proposed to her	*Il la demanda en mariage*

suggest

I suggested dining out	*J'ai proposé qu'on aille au restaurant*
I suggested he go next week	*J'ai proposé qu'il parte la semaine prochaine*

29. REMEMBER et REMIND

remember

I remember seeing her last year	*Je me souviens l'avoir vue l'an dernier*
I must remember to phone her	*Il ne faut pas que j'oublie de lui téléphoner*

remind

You remind me of your father	*Tu me rappelles ton père*
May I remind you that… ?	*Puis-je vous rappeler que… ?*

30. ROB et STEAL

rob

My car was robbed	*On m'a dévalisé ma voiture*
She was robbed of her jewels	*Elle s'est fait voler ses bijoux*

steal

My car was stolen	*On m'a volé ma voiture*

31. SAY et TELL

say

say sth to s.o.	*dire quelque chose à qqun*

N.B. Il est impossible de dire **say s.o. sth*

say a prayer	*dire une prière*
say thank you	*dire merci*
say goodbye	*dire au revoir*
He is said to be back	*On dit qu'il est revenu*

tell

tell s.o. sth	*dire qqch à qqun*
tell s.o. about sth	*mettre qqun au courant de qqch*
tell s.o. to do sth	*dire à qqun de faire qqch*
tell the truth	*dire la vérité*
tell the time	*dire l'heure*
tell a lot	*être très révélateur*
tell right from wrong	*distinguer le bien du mal*
tell the one from the other	*distinguer l'un de l'autre*
He was told to come back	*On lui a dit de revenir*

32. SPEAK et TALK

speak

speak in a low voice	*parler à voix basse*
I'll speak to him about it	*Je lui en parlerai / Je vais lui en toucher un mot*
The facts speak for themselves	*Les faits parlent d'eux-mêmes*

talk

We were talking	*Nous bavardions*
We were just talking about you	*Justement, nous parlions de toi*

V. Quelques expressions à retenir

1. BE

be cold	*avoir froid*	be 1 metre 80 tall	*mesurer 1 mètre 80*
be hot	*avoir trop chaud*	I'm in for it	*Mon compte est bon (= Je suis sûr d'être puni)*
be hungry	*avoir faim*	What's he up to ?	*Qu'est-ce qu'il manigance ?*
be thirsty	*avoir soif*	There are four of us	*Nous sommes quatre*
be right	*avoir raison*		
be wrong	*avoir tort*		
be lucky	*avoir de la chance*		
be twenty	*avoir vingt ans*		

It is two miles to the next village	*Il y a trois kilomètres jusqu'au prochain village*	It is two years since I last saw her	*Cela fait deux ans que je ne l'ai pas vue*

2. GET

get s.o. sth	*obtenir qqch pour qqun*	get worse	*empirer*
get sth through s.o.	*obtenir qqch grâce à qqun*	get going	*commencer, s'y mettre*
get some sleep	*dormir un peu*	get to grips with	*s'attaquer à (un problème)*
get the sack	*se faire licencier*	get to know s.o.	*apprendre à connaître qqun*
get one's hands dirty	*se salir les mains*	Don't get me wrong!	*Comprenez-moi bien !*
get help	*se faire aider*	It gets me!	*Ça m'énerve !*
get fat	*grossir*	We won't get anywhere with him	*On n'arrivera à rien avec lui*
get old	*vieillir*		
get ready	*se préparer*		
get rid of	*se débarrasser de*		

3. GO

go to London	*aller à Londres*	be gone	*être absent / mort*
go to school	*aller à l'école (comme élève)*	go red	*rougir*
go to the school	*aller à l'école (comme visiteur)*	Anything goes	*Tout est permis*
		go out of one's way to do sth	*se donner du mal pour faire qqch*
go places	*voyager*		
go for a walk	*aller se promener*	go it alone	*faire cavalier seul*
go fishing	*aller à la pêche*		

4. HAVE

have tea	*prendre le thé*	have fun	*bien s'amuser*
have dinner	*dîner*	have a good time	*bien s'amuser*
have a drink	*prendre un verre*	have a go	*faire une tentative*
have a cigarette	*fumer une cigarette*		

VOCABULAIRE

5. PUT

put money into sth	*placer de l'argent dans*	That's putting it mildly!	*C'est un euphémisme !*
put an end to sth	*mettre fin à*	How shall I put it?	*Comment dire ?*
put s.o. to work	*mettre qqun au travail*	I put it to you that…	*Je maintiens que… / N'est-il pas vrai que… ?*
put s.o. to death	*mettre qqun à mort*		
to put it bluntly	*pour parler franc*		

6. RUN

run into trouble	*s'attirer des ennuis*	His nose was running	*Il avait le nez qui coulait*
run dry	*se tarir*	run risks	*courir des risques*
run short of	*être à court de*		
run wild	*être déchaîné*	run on diesel	*marcher au gazole*
run high (river)	*être haut*		
run high (feelings)	*être exacerbé*	run a business	*diriger une entreprise*
leave a tap running	*laisser couler un robinet*		

7. TAKE

take advantage of	*profiter de*
take a beating	*se faire battre à plates coutures*
take something for granted	*considérer qqch comme allant de soi*
take someone for granted	*en prendre à son aise avec qqun*
take s.o. home	*ramener qqun chez lui*
take s.o. to hospital	*emmener qqun à l'hôpital*
Take it or leave it!	*C'est à prendre ou à laisser !*
I take it that…	*Je crois comprendre que…*
Now take Germany	*Prenons l'exemple de l'Allemagne*
It took me two hours	*Cela m'a pris deux heures*
It took a lot of courage	*Il a fallu beaucoup de courage*

Approfondir

I. Familles de mots

1. Quelques séries remarquables

Verbe - Nom abstrait

▶ **Séries**

approve of	*approuver*	approval	*approbation*
arrive		arrival	
betray	*trahir*	betrayal	*trahison*
dismiss	*renvoyer*	dismissal	*renvoi*
refuse		refusal	*refus*
rehearse	*répéter*	rehearsal	*répétition (théâtre)*
remove	*ôter*	removal	*enlèvement*
rent	*louer*	rental	*location*
revive	*ranimer*	revival	*renouveau, renaissance*
try	*essayer / juger (qqun)*	trial	*essai / procès*
withdraw	*retirer*	withdrawal	*retrait*
allow	*permettre*	allowance	*allocation*
annoy	*contrarier*	annoyance	*contrariété*
appear	*apparaître*	appearance	*arrivée / apparence*
convey	*transporter*	conveyance	*transport*
disturb	*déranger*	disturbance	*dérangement, agitation*
grieve	*avoir du chagrin*	grievance	*doléance*
		grief	*chagrin*

hinder	*entraver*	hindrance	*entrave*
inherit	*hériter de*	inheritance	*héritage*
insist		insistance	
maintain	*entretenir*	maintenance	*entretien*
remember		remembrance	*souvenir, mémoire*
resemble	*ressembler à*	resemblance	
sever	*trancher*	severance[1]	
differ[2]		difference	*différence / différend*
emerge	*surgir*	emergence	*apparition*
interfere	*s'ingérer*	interference	*ingérence*
prefer		preference	
subside	*s'affaisser*	subsidence	*affaissement*
subsist		subsistence	
accommodate	*loger*	accommodation	*logement*
allege	*alléguer*	allegation	
alter	*modifier*	alteration	*modification*
appreciate		appreciation	
congratulate	*féliciter*	congratulations	*félicitations*
frustrate	*contrecarrer*	frustration	*frustration, déception, déboire*
identify		identification	
inflate	*gonfler*	inflation	
locate[3]		location	*emplacement*
prepare		preparation	*préparation, préparatifs*
resign[4]		resignation	*démission, résignation*
reveal		revelation	
vindicate	*justifier*	vindication	*justification*
complete	*achever*	completion	*achèvement*
promote	*promouvoir*	promotion	*promotion*
define		definition	

---

[1] Severance pay : *indemnité de licenciement*

[2] Differ : *être différent / ne pas être d'accord*

[3] Locate : *localiser, repérer / implanter (usine)*

[4] Resign : *démissionner.* Be resigned : *être résigné*

evolve	*évoluer*	evolution	
revolve	*tourner*	revolution	
assume	*présupposer*	assumption	*présupposé*
consume	*consommer*	consumption	*consommation*
presume	*présumer*	presumption	*présomption*
resume	*reprendre*	resumption	*reprise*
admit[1]		admission	*admission / aveu*
discuss	*évoquer*	discussion	
omit	*omettre*	omission	
recede	*reculer*	recession	
		recess	*vacances (parlementaires)*
secede	*faire sécession*	secession	
repress	*réprimer*	repression	*répression, refoulement*
suppress	*réprimer*[2]	suppression	*répression, refoulement*
divert	*détourner*	diversion	*détournement*
revise		revision	
agree	*être d'accord*	agreement	*accord*
appoint	*nommer (qqun)*	appointment	*nomination*
argue[3]		argument	*dispute, argument*
arrange		arrangement	*arrangement, disposition*
assess	*évaluer*	assessment	*évaluation*
commit	*engager*	commitment	*engagement*
condone	*pardonner*	condonement	*repêchage (d'un élève)*
engage	*(s')engager*	engagement	*engagement / fiançailles*
establish		establishment	
govern		government	
harass	*harceler*	harassment	*harcèlement*
impeach	*destituer*	impeachment	*destitution*

[1] Admit s.o. : *admettre qqun.* Admit that : *reconnaître que.* Admit to doing sth : *avouer avoir fait qqch*

[2] Suppress *signifie " supprimer " surtout au sens de " dissimuler, cacher, étouffer ". Lui préférer* abolish (a law), do away with (s.o.), remove (an obstacle)

[3] Argue : *se disputer / discuter, débattre*

VOCABULAIRE

impede	*gêner*	impediment	*obstacle*
involve	*impliquer*	involvement	*implication*
refresh	*revigorer*	refreshment	*délassement*
require	*nécessiter*	requirement	*condition requise*
resent	*en vouloir à*	resentment	*ressentiment*
assemble	*monter*	assembly	*montage*
deliver	*livrer*	delivery	*livraison*
enter	*entrer dans*	entry	*entrée*
injure	*blesser*	injury	*blessure*
inquire	*s'enquérir*	inquiry	*demande, enquête*
unite	*(s')unir*	unity	*unité*

▶ **Divers**

fly	*voler*	flight	*vol*
see	*voir*	sight	*vue*
frighten	*effrayer*	fright	*effroi, peur*
heighten	*rehausser*	height	*hauteur*
believe	*croire*	belief	*croyance*
choose	*choisir*	choice	*choix*
grow	*croître*	growth	*croissance*
know	*savoir*	knowledge	*connaissance*
lose	*perdre*	loss	*perte*
prove	*prouver*	proof	*preuve*
sell	*vendre*	sale	*vente*
shoot	*tirer, abattre*	shot	*coup de feu*
sing	*chanter*	song	*chanson*
speak	*parler*	speech	*discours*
think	*penser*	thought	*pensée*
threaten	*menacer*	threat	*menace*

Adjectif - Nom concret - Nom abstrait

fanatic(al)	fanatic	fanaticism	*fanatisme*
optimistic	optimist	optimism	
patriotic	patriot	patriotism	
sceptic(al)	sceptic	scepticism	
diplomatic	diplomat	diplomacy	
economic	economist	economy	

electric(al)	electrician	electricity
historic(al)	historian	history
hypocritical	hypocrite	hypocrisy
psychological	psychologist	psychology
strategic(al)	strategist	strategy
surgical	surgeon	surgery
chirurgical	*chirurgien*	*chirurgie*
technological	technologist	technology
political	politician	politics
politique	*homme politique*	*la politique*
suicidal	suicide	suicide
suicidaire	*suicidé*	*suicide*
technical	technician	technique

<u>Adjectif - Nom</u>

extravagant	*dépensier / outré*	extravagance	
flamboyant	*haut en couleur*	flamboyance	
important		importance	
irrelevant	*non pertinent*	irrelevance	
petulant	*irascible*	petulance	
relevant	*pertinent*	relevance	
significant	*considérable*	significance	
substantial		substance	
confident	*confiant, sûr*	confidence	
convenient	*pratique*	convenience	
prominent	*en vue*	prominence	
reminiscent of	*qui rappelle*	reminiscence	
resilient	*élastique*	resilience	
truculent	*agressif*	truculence	
accurate	*précis, exact*	accuracy	
adequate	*suffisant, satisfaisant*	adequacy	
inadequate	*insuffisant, inadapté*	inadequacy	
intimate	*intime*	intimacy	
intricate	*complexe*	intricacy	
literate	*instruit*	literacy	
pregnant	*enceinte*	pregnancy	
redundant	*en surnombre*	redundancy	*licenciement*
cogent	*(argument) convaincant*	cogency	

VOCABULAIRE

consistent	*logique*	consistency	
decent	*décent, honnête*	decency	
efficient	*efficace*	efficiency	
fluent[1]		fluency	*facilité d'élocution*
frequent		frequency	
sufficient		sufficiency	
free	*libre / gratuit*	freedom	*liberté*
wise	*sage, avisé*	wisdom	*sagesse*
anxious[2]		anxiety	*anxiété / grand désir*
social		society	
ambiguous	*ambigu*	ambiguity	
authoritarian	*autoritaire*	authority	
available	*disponible*	availability	
capable		capability	
certain		certainty	*certitude*
eventual	*qui s'ensuit*	eventuality	*éventualité*[3]
generous		generosity	
ingenious	*ingénieux*	ingenuity	*ingéniosité*
partial	*partiel / partial*	partiality	*partialité*
sensitive	*sensible*	sensitivity	
notorious	*de triste réputation*	notoriety	
simultaneous	*simultané*	simultaneity	
spontaneous	*spontané*	spontaneity	
tenacious	*tenace*	tenacity	
ubiquitous	*omniprésent*	ubiquity	
unanimous	*unanime*	unanimity	
content[4]		contentment	
detrimental	*préjudiciable*	detriment	
environmental	*écologique*	environment	
faithful	*fidèle*	faithfulness	
useful	*utile*	usefulness	
polite	*poli*	politeness	
inquisitive	*curieux*	inquisitiveness	
obtrusive	*importun*	obtrusiveness	

[1] Be fluent in English : *parler l'anglais couramment*

[2] Be anxious : *être anxieux, angoissé.* Be anxious to do sth : *être impatient de faire qqch*

[3] *Ne pas confondre avec* eventually : *à la longue*

[4] Be content with sth : *se contenter de qqch*

righteous	*vertueux*	righteousness	
obvious	*évident*	obviousness	
serious	*sérieux, grave*	seriousness	
ingenuous	*ingénu*	ingenuousness	
broad		breadth	
deep		depth	
long		length	
wide		width	
high		height	
hot		heat	
emotional	*émotionnel, émotif*	emotion	
exceptional		exception	
intentional		intention	
occupational	*du métier*	occupation	
traditional		tradition	
passionate	*passionné*	passion	
comfortable		comfort	
knowledgeable	*bien informé*	knowledge	
sizeable	*de bonne taille*	size	
crucial		crux	*point crucial*
marginal		margin	*marge*
natural		nature	
parental		parent	
pivotal	*essentiel, central*	pivot	
topical	*d'actualité*	topic	*thème*
fortunate	*chanceux*	fortune	
awful	*affreux*	awe	*crainte mêlée de respect*
eventful	*mouvementé*	event	*événement*
fanciful	*plein d'imagination*	fancy	*imagination*
merciful	*miséricordieux*	mercy	*indulgence*
energetic	*énergique*	energy	
ironic(al)		irony	
paradoxical	*paradoxal*	paradox	
secretive	*renfermé*	secret	

glorious		glory	
mischievous	*espiègle*	mischief	*malice*
ominous	*de mauvaise augure*	omen	*présage*
outrageous	*scandaleux*	outrage	*atrocité / indignation*
portentous	*de mauvais augure*	portent	*présage*
filthy	*crasseux*	filth	
gloomy	*lugubre*	gloom	
greedy	*cupide*	greed	
lucky	*chanceux*	luck	
roomy	*spacieux*	room	
sketchy	*peu détaillé*	sketch	
skinny	*efflanqué*	skin	
sunny		sun	

2. Quelques sans-famille

formidable	*redoutable*
genial	*agréable, de bonne compagnie*
menial	*domestique, subalterne*
non-committal	*neutre, qui ne s'engage pas*
blatant	*flagrant, criant*
rampant	*qui sévit*
secular	*laïque*
ultimate	*ultime / absolu*
subsequent	*ultérieur*
diminutive	*tout petit, minuscule*
tentative[1]	

devious	*sournois*
impervious	*imperméable, inaccessible*
precious	*précieux*
previous	*précédent*
surreptitious	*subreptice, furtif*
vicarious[2]	
derogatory	*péjoratif, désobligeant*
ludicrous	*ridicule, risible*
preposterous	*ridicule, grotesque*
ravenous	*affamé, vorace*
stupendous	*prodigieux*
treacherous	*traître*
tremendous	*(différence) énorme, (orage) terrible*

[1] Tentative : *(sourire) hésitant, (système) expérimental, (solution) provisoire.*

[2] Vicarious : *fait à la place d'un autre.* Vicarious adventure : *aventure vécue par personne interposée.*

3. Nationalités

Type -MAN / -MEN

Pays / région	**Adjectif**	**Habitant**
England	English	an Englishman
France	French	a Frenchman
Ireland	Irish	an Irishman
Netherlands (the) *Pays-Bas*	Dutch	a Dutchman
Scotland	Scottish	a Scotsman
Wales *Pays de Galles*	Welsh	a Welshman

Type -AN / -ANS

Pays / région	**Adjectif**	**Habitant**
Angola	Angolan *angolais*	an Angolan
Corsica *Corse*	Corsican *corse*	a Corsican
Germany *Allemagne*	German	a German
Mexico *Mexique*	Mexican	a Mexican
Morocco *Maroc*	Moroccan	a Moroccan
Rwanda	Rwandan *rwandais*	a Rwandan
Sri Lanka	Sri Lankan *sri-lankais*	a Sri Lankan
Uganda	Ugandan *ougandais*	a Ugandan
Chile	Chilean	a Chilean
El Salvador *Salvador*	Salvadorean	a Salvadorean
Korea	Korean	a Korean
Singapore	Singaporean	a Singaporean
Argentina	Argentine *argentin*	an Argentinian
Algeria	Algerian	an Algerian
Australia	Australian	an Australian
Austria *Autriche*	Austrian *autrichien*	an Austrian
Belgium	Belgian *belge*	a Belgian
Bosnia	Bosnian *bosniaque*	a Bosnian
Brazil	Brazilian	a Brazilian
Bulgaria	Bulgarian *bulgare*	a Bulgarian
Cambodia *Cambodge*	Cambodian *cambodgien*	a Cambodian
Cameroon	Cameroonian *camerounais*	a Cameroonian
Canada	Canadian	a Canadian
Chad	Chadian	a Chadian

Pays / région	Adjectif	Habitant
Ecuador *Equateur*	Ecuadorian	an Ecuadorian
Egypt	Egyptian	an Egyptian
Ethiopia	Ethiopian	an Ethiopian
Haiti	Haitian	a Haitian
Hungary	Hungarian *hongrois*	a Hungarian
Iran	Iranian	an Iranian
Italy	Italian	an Italian
Jordan *Jordanie*	Jordanian	a Jordanian
Latvia *Lettonie*	Latvian *letton*	a Latvian
Norway *Norvège*	Norwegian	a Norwegian
Palestine	Palestinian	a Palestinian
Romania *Roumanie*	Romanian *roumain*	a Romanian
Russia	Russian *russe*	a Russian
Syria	Syrian	a Syrian
Tunisia	Tunisian	a Tunisian

Type -ESE (invariable)

Pays / région	Adjectif	Habitant
Burma *Birmanie*	Burmese *birman*	a Burmese
China	Chinese *chinois*	a Chinese
Japan	Japanese	a Japanese
Lebanon *Liban*	Lebanese	a Lebanese
Malta	Maltese	a Maltese
Nepal	Nepalese	a Nepalese
Portugal	Portuguese	a Portuguese
Senegal	Senegalese	a Senegalese
Sudan	Sudanese	a Sudanese
Taiwan	Taiwanese	a Taiwanese
Togo	Togolese	a Togolese
Vietnam	Vietnamese *vietnamien*	a Vietnamese

Type -I / -IS

Pays / région	Adjectif	Habitant
Bangladesh	Bangladeshi *bangladais*	a Bangladeshi
Iraq *Irak*	Iraqi *irakien*	an Iraqi
Israel *Israël*	Israeli *israélien*	an Israeli
Kuwait *Koweit*	Kuwaiti *koweitien*	a Kuwaiti
Pakistan	Pakistani *pakistanais*	a Pakistani
Saudi Arabia	Saudi *séoudien*	a Saudi
Yemen	Yemeni *yéménite*	a Yemeni

Les inclassables

Pays / région	**Adjectif**	**Habitant**
Britain *Grande-Bretagne*	British *britannique*	a Briton *un Britannique*
Brittany *Bretagne*	Breton	a Breton
Cyprus *Chypre*	Cypriot	a Cypriot
the Czech Republic	Czech	a Czech
Denmark	Danish	a Dane
Finland	Finnish	a Finn
Greece	Greek	a Greek
Iceland *Islande*	Icelandic	an Icelander
Philippines (the)	Filipino	a Filipino
Poland *Pologne*	Polish	a Pole
Spain *Espagne*	Spanish	a Spaniard
Sweden *Suède*	Swedish	a Swede
Switzerland	Swiss	a Swiss *(invar.)*
Thailand	Thai	a Thai
Turkey	Turkish	a Turk

II. Adjectifs antonymes

1. Formés avec un préfixe

dis-

honest	*honnête*	dishonest	*malhonnête*
interested	*intéressé*	disinterested	*désintéressé*
loyal	*loyal*	disloyal	*déloyal*
obedient	*obéissant*	disobedient	*désobéissant*
reputable	*réputé*	disreputable	*de mauvaise réputation*
satisfied	*satisfait*	dissatisfied	*insatisfait*

il-

legal	*légal*	illegal	*illégal*
legible	*lisible*	illegible	*illisible*
legitimate	*légitime*	illegitimate	*illégitime*
literate	*instruit*	illiterate	*illettré, analphabète*
logical	*logique*	illogical	*illogique*

<u>im-</u>

mature	*mûr*	immature	*immature*
mobile		immobile	
moderate	*modéré*	immoderate	*immodéré*
moral		immoral	
partial		impartial	
perfect		imperfect	
proper	*convenable*	improper	*peu convenable*

<u>in-</u>

accurate	*exact*	inaccurate	*inexact*
active		inactive	
adequate	*suffisant*	inadequate	*insuffisant*
appropriate		inappropriate	
apt	*judicieux*	inapt	*peu approprié*
articulate	*clair*	inarticulate	*incapable de s'exprimer*
attentive		inattentive	
capable		incapable	
competent		incompetent	
complete		incomplete	
conclusive	*concluant*	inconclusive	*peu concluant*
consistent	*logique*	inconsistent	*inconséquent*
convenient	*pratique*	inconvenient	*peu pratique*
correct	*juste*	incorrect	*erroné*
credible	*plausible*	incredible	*incroyable, invraisemblable*
decent		indecent	
definite		indefinite	
dependent		independent	
discreet	*discret*	indiscreet	*indiscret / imprudent*
effective	*efficace*	ineffective	*inefficace*
efficient	*efficace*	inefficient	*inefficace*
essential		inessential	*superflu*
expensive	*cher*	inexpensive	*peu coûteux*
experienced	*expérimenté*	inexperienced	*sans expérience*
formal	*officiel*	informal	*officieux*
frequent		infrequent	*peu fréquent, rare*

sane	*sain d'esprit*	insane	*fou*
secure	*en sûreté*	insecure	*peu sûr, exposé au danger*
sensitive	*sensible*	insensitive	*insensible*
significant	*considérable*	insignificant	*insignifiant, négligeable*
sincere		insincere	*de mauvaise foi*
sufficient		insufficient	
tolerable	*supportable*	intolerable	*insupportable, intolérable*
tolerant		intolerant	
tractable	*souple (pers.), soluble (probl.)*	intractable	*intraitable, insoluble*

<u>ir-</u>

rational		irrational	
relevant	*pertinent*	irrelevant	*peu pertinent, hors sujet*

<u>un-</u>

fit[1]		unfit	*inapte, impropre / qui n'est pas en forme*
well-known	*connu*	unknown	*inconnu*
spoiled	*abîmé, gâté*	unspoiled	*(paysage) intact, (enfant) qui reste naturel*
able		unable	
acceptable		unacceptable	
ambiguous		unambiguous	
attractive	*séduisant*	unattractive	*peu séduisant, peu sympathique*
available	*disponible*	unavailable	*indisponible*
avoidable	*évitable*	unavoidable	*inévitable*
aware of	*conscient de*	unaware of	*ignorant de*
believable	*croyable*	unbelievable	*incroyable*

[1] Fit : *(personne) capable / en pleine forme, (occasion) propice.* Be fit for a job : *avoir la compétence requise pour un travail.* Be fit to drive : *être en état de conduire*

VOCABULAIRE

biased	*tendancieux*	unbiased	*impartial*
certain		uncertain	
characteristic		uncharacteristic	
civilized		uncivilized	
clear		unclear	
comfortable	*confortable, à l'aise*	uncomfortable	*inconfortable, mal à l'aise*
common	*fréquent*	uncommon	*rare*
complicated		uncomplicated	
concerned	*soucieux*	unconcerned	*imperturbable, indifférent*
conscious		unconscious	
couth	*affable*	uncouth	*fruste*
demanding	*exigeant*	undemanding	*peu exigeant*
democratic		undemocratic	
determined	*décidé*	undetermined	*indécis*
disturbed	*perturbé*	undisturbed	*non inquiet*
dressed	*habillé*	undressed	*déshabillé*
economical	*économique*	uneconomic(al)	*peu économique*
educated	*instruit*	uneducated	*sans instruction*
equal	*égal*	unequal[1]	*inégal*
ethical	*moral*	unethical	*contraire à la morale*
even	*(sol) plat, aplani*	uneven	*irrégulier*
eventful	*mouvementé*	uneventful	*sans histoires*
exceptionable	*critiquable*	unexceptionable	*irréprochable*
exceptional		unexceptional	
excited		unexcited	
fair	*juste*	unfair	*injuste*
faithful	*fidèle*	unfaithful	*infidèle*
fashionable	*à la mode*	unfashionable	*qui n'est pas à la mode*
favourable		unfavourable	*défavorable*
flattering	*flatteur*	unflattering	*peu flatteur*
fortunate	*chanceux*	unfortunate	*malheureux*
friendly	*amical*	unfriendly	*inamical, hostile*
generous		ungenerous	
grateful	*reconnaissant*	ungrateful	*ingrat*
happy		unhappy	
healthy	*sain*	unhealthy	*malsain*

[1] Noter la différence : unequal / <u>in</u>equality.

imaginative	*imaginatif*	unimaginative	*sans imagination*
important		unimportant	*sans importance*
intentional	*délibéré*	unintentional	*involontaire*
interested		uninterested	*indifférent*
interesting		uninteresting	*inintéressant*
just		unjust	
kind	*gentil*	unkind	*cruel*
likely[1]	*probable*	unlikely	*improbable*
limited		unlimited	*illimité*
lucky	*chanceux*	unlucky	*malchanceux*
manageable	*gérable*	unmanageable	*ingérable*
natural		unnatural	*anormal, qui manque de naturel*
obtrusive	*importun*	unobtrusive	*discret*
original		unoriginal	*sans originalité*
pleasant	*agréable*	unpleasant	*désagréable*
polluted		unpolluted	*non pollué*
popular		unpopular	*impopulaire*
predictable	*prévisible*	unpredictable	*imprévisible*
prepared	*prêt*	unprepared	*pris au dépourvu*
profitable	*rentable*	unprofitable	*non rentable*
promising	*prometteur*	unpromising	*peu prometteur*
questionable	*contestable*	unquestionable	*incontestable*
real		unreal	*irréel*
realistic		unrealistic	*irréaliste*
reasonable		unreasonable	*déraisonnable*
refined	*raffiné*	unrefined	*peu raffiné*
reliable	*fiable*	unreliable	*peu fiable*
remarkable		unremarkable	*quelconque*
safe	*pas dangereux*	unsafe	*peu sûr*
scrupulous		unscrupulous	*sans scrupules*
skilled	*qualifié*	unskilled	*non qualifié*
sophisticated	*complexe*	unsophisticated	*simple, sans fioritures*
steady	*stable, régulier*	unsteady	*mal assuré, instable*

[1] Noter cette construction particulière : He's likely to win *Il a de fortes chances de gagner*
He's unlikely to win *Il a peu de chances de gagner*

suitable	*convenable*	unsuitable	*qui ne convient pas*
sure	*sûr*	unsure	*incertain*
sympathetic	*compatissant*	unsympathetic	*indifférent, incompréhensif*
tidy	*soigneux, rangé*	untidy	*peu soigneux, en désordre*
true	*vrai*	untrue	*faux*
usual	*habituel*	unusual	*inhabituel*
wholesome	*sain*	unwholesome	*malsain*
willing	*bien disposé*	unwilling[1]	
wise	*sage, avisé*	unwise	*imprudent, malavisé*
worthy	*digne*	unworthy	*indigne*

Cas particuliers

accountable	*responsable*	unaccountable	*inexplicable*
disciplined	*discipliné*	unruly	*indiscipliné*
easy	*facile*	uneasy	*mal à l'aise*
tiring	*fatigant*	untiring	*infatigable*

2. Formés avec un suffixe

-FUL = contraire de -LESS

careful	*soigneux*	careless	*négligent*
cheerful	*gai, réjouissant*	cheerless	*triste, morne*
fruitful	*fécond*	fruitless	*stérile*
graceful	*gracieux*	graceless	*inélégant*
harmful	*nuisible*	harmless	*inoffensif*
joyful	*joyeux*	joyless	*sans joie*
merciful	*miséricordieux*	merciless	*impitoyable*
powerful	*puissant*	powerless	*impuissant*
sinful	*pécheur, coupable*	sinless	*sans péché, pur*
tactful	*plein de tact*	tactless	*qui manque de tact*
thankful	*reconnaissant*	thankless	*ingrat*
thoughtful	*réfléchi*	thoughtless	*irréfléchi, étourdi*
useful	*utile*	useless	*inutile*

-FUL ≠ contraire exact de -LESS

doubtful	*indécis / louche*	doubtless *(Adv)*	*sans aucun doute*

[1] An unwilling partner : *un associé malgré lui*

fearful	*effrayant / peureux*	fearless	*intrépide*
helpful	*serviable*	helpless	*impuissant*
hopeful	*plein d'espoir*	hopeless	*désespéré / lamentable, nul*
lawful	*légal*	lawless	*anarchique, sans foi ni loi*
restful	*reposant*	restless	*qui ne tient pas en place*
tasteful	*d'un goût sûr*	tasteless	*sans saveur / de mauvais goût*

3. Quelques orphelins

uncanny	*mystérieux et inquiétant*
unmistakable	*qu'on ne peut pas ne pas reconnaître*
unprecedented	*sans précédent*
unscathed	*indemne*
awful	*terrible*
beautiful	*beau*
delightful	*ravissant*
dutiful	*obéissant, consciencieux*
fateful	*fatidique*
forceful	*(personne) énergique, (raisonnement) puissant*
peaceful	*paisible*
rueful	*triste, contrit*
skilful	*habile*
sorrowful	*affligé*
successful	*couronné de succès, qui a réussi*
truthful	*qui dit la vérité*
wasteful	*gaspilleur*
wonderful	*merveilleux*
boundless	*infini*
endless	*interminable*
faultless	*irréprochable*
flawless	*impeccable*
heartless	*sans cœur*
pointless	*inutile, injustifié*
ruthless	*impitoyable*
spotless	*immaculé*
worthless	*sans valeur*

4. Autres cas

absurd	*absurde*	sensible	*raisonnable*
abundant	*abondant*	scarce	*rare*
admirable		despicable	*méprisable*
afraid	*qui a peur*	courageous	*courageux*
amusing	*amusant*	boring	*ennuyeux*
ashamed	*honteux*	proud	*fier*
asleep	*endormi*	awake	*éveillé*
astute	*astucieux*	slow-witted	*qui a l'esprit lent*
benevolent	*bienveillant*	malevolent	*malveillant*
bold	*hardi*	cowardly	*poltron*
bright	*brillant*	dull	*sans éclat*
bright	*doué*	stupid	*bête*
broad-minded	*aux idées larges*	narrow-minded	*borné*
candid	*franc*	devious	*sournois*
casual	*fortuit*	deliberate	*voulu*
casual	*désinvolte*	serious	*sérieux*
cautious	*prudent*	rash	*téméraire*
childish	*puéril*	mature	*mûr*
clever	*intelligent*	stupid	*bête*
clever	*habile*	clumsy	*maladroit*
coarse	*(texture) grossier*	fine	*fin*
coarse	*(personne) vulgaire*	refined	*raffiné*
common	*commun*	separate	*séparé*
common	*ordinaire*	outstanding	*remarquable*
compulsory	*obligatoire*	optional	*facultatif*
self-confident	*sûr de soi*	self-conscious	*mal dans sa peau*
contemptuous	*méprisant*	respectful	*respectueux*
corrupt	*corrompu*	honest	*honnête*
critical	*crucial*	trivial	*sans importance*
cunning	*rusé*	gullible	*naïf*
dangerous	*dangereux*	safe	*pas dangereux*
deep	*profond*	shallow	*superficiel*
derogatory	*péjoratif*	flattering	*flatteur*
desperate	*aux abois*	calm	*calme*
dismal	*lugubre (endroit)*	charming	*charmant*
drastic	*draconien*	moderate	*modéré*
extravagant	*dépensier*	thrifty	*économe*
fat	*gros*	thin	*mince*

fierce	*violent*	gentle	*doux*
filthy	*crasseux*	clean	*propre*
flimsy	*de pacotille*	strong	*solide*
foolish	*irréfléchi*	sensible	*raisonnable*
foul	*(odeur) infect*	balmy	*embaumé*
foul	*(temps) pourri*	glorious	*splendide*
foul	*(sport) irrégulier*[1]	fair	*loyal*
generous	*généreux*	stingy	*avare*
genial	*(personne) affable*	cold	*froid*
genial	*(temps) doux*	cold	
gentle	*doux*	rough	*rude*
genuine	*authentique*	fake	*contrefait*
gloomy	*sinistre*	cheerful	*enjoué*
good	*bon*	bad	*mauvais*
good	*qui est bien*	evil	*qui est mal*
good	*sage*	naughty	*pas sage*
gorgeous	*(femme) superbe*	ugly	*laid*
half-hearted	*peu enthousiaste*	enthusiastic	*enthousiaste*
handsome	*(homme) beau*	ugly	
hard	*dur*	soft	*mou*
humane	*humain*	cruel	
idle	*inoccupé*	busy	*occupé*
loose	*desserré*	secure	*bien attaché*
loose	*(discipline) relâché*	strict	*sévère*
minute [maɪˈnjuːt]	*minuscule*	huge	*énorme*
modest	*modeste*	conceited	*vaniteux*
narrow	*étroit*	broad	*large*
needy	*nécessiteux*	wealthy	*fortuné*
normal		abnormal	*anormal*
open-minded	*à l'esprit ouvert*	prejudiced	*qui a des préjugés*
plain	*évident*	unclear	*pas évident*
plain	*simple*	sophisticated	*élaboré*
plain	*sans charme*	pretty	*joli*
poor	*pauvre*	rich	*riche*
poor	*médiocre*	good	*bon*
precise	*précis*	approximate	*approximatif*
reluctant	*réticent*	eager	*enthousiaste*
right	*exact*	wrong	*faux*
right	*bien*	wrong	*mal*

[1] Foul play : *jeu déloyal, tricherie*

sharp	*acéré*	blunt	*émoussé*
smart	*élégant*	dowdy	*sans chic*
smart	*intelligent*	stupid	*bête*
stiff	*raide*	limp	*flasque*
still	*immobile*	mobile	
still	*silencieux*	noisy	*bruyant*
straight	*droit*	twisted	*tordu*
straight	*honnête*	crooked	*malhonnête*
straight	*hétéro*	gay / lesbian	*homo*
sweet	*sucré*	bitter	*amer*
sweet	*gentil*	nasty	*méchant*
thick	*épais*	thin	*mince*
tough	*dur, coriace*	soft	*mou*
well-considered	*mûrement réfléchi*	hasty	*hâtif*
wild	*sauvage*	tame	*domestiqué*
wild	*extravagant*	down-to-earth	*terre-à-terre*

III. Mots à connotation affective

Dans les oppositions ci-dessous, le premier terme est neutre, alors que le second exprime un sentiment humain ou un jugement de valeur, qui peuvent être positifs ou négatifs selon le contexte.

▶ alone-lonely

Robinson thought he was alone on his island *Robinson croyait être seul sur son île*
He felt lonely *Il se sentait seul*

▶ big-great

a big man *un homme grand et fort*
a great man *un grand homme*
a big car *une grosse voiture*
a great car *une voiture formidable*

▶ small-little

a small child *un jeune enfant / un enfant de petite taille*
my little sister *ma petite sœur*
a small man *un homme de petite taille*
a little man *un petit homme (nuance de mépris)*

▶ house-home

a house *une maison*

a home *un foyer*
go home *rentrer chez soi*

▶ **it-she**

Les nations, les voitures et les bateaux sont féminisés quand on en parle avec affection (les nations étant souvent représentées par des figures mythiques féminines, les voitures et les bateaux étant des symboles féminins).

▶ **it-he**

La mort est quelquefois masculinisée, surtout dans un contexte poétique.
Death (= He) *la Mort*
the Grim Reaper (= He) *la Grande faucheuse*

IV. Quelques noms propres

1. Prénoms

Prénoms faux-amis

▶ **Prénoms exclusivement féminins**

Frances
Jean
Nicola

▶ **Prénoms exclusivement masculins**

Benedict
Cecil
Dominic
Laurence

Prénoms mixtes

Alex	Ginger	Kim	Robin
Andy	Glenn	Kingsley	Ryan
Charlie	Jackie	Lee	Sandy
Chris	Jamie	Leigh	Sasha
Clem	Jo	Leslie	Sly
Darcy	Jocelyn	Lindsay	Valentine
Evelyn	Jody	Mel	Viv(ian)
Frankie	Johnny	Morgan	Whitney
Freddie	Jordan	Nicky	
Georgie	Kay	Nico	
Gerry	Kelly	Pat	

2. Sigles et acronymes

Britanniques

the FT	the Financial Times
the BBC	the British Broadcasting Corporation
the DTI	the Department of Trade and Industry
the NHS	the National Health Service
the PM	the Prime Minister
the RSPCA	the Royal Society for the Prevention of Cruelty to Animals
the TUC	the Trades Union Congress *confédération des syndicats britanniques*
a PC	a Police Constable *agent de police*
a QC	a Queen's Counsel *avocat de la Couronne*
a YMCA hostel	a Young Men's Christian Association hostel *foyer de l'Association chrétienne de jeunes gens*
an MP	a Member of Parliament
BA	British Airways
BR	British Rail
BT	British Telecom
HMS	Her / His Majesty's Ship
ICI	Imperial Chemicals Industry
PAYE	Pay As You Earn *système de retenue de l'impôt sur les salaires*
VAT	Value Added Tax *TVA*

Américains

the CIA	the Central Intelligence Agency
the FBI	the Federal Bureau of Investigation
the GOP	the Grand Old Party *surnom du Parti républicain*
the MIT	the Massachusetts Institute of Technology
the SEC	the Securities and Exchange Commission *équivalent de la Commission des opérations de bourse*
a DA	a District Attorney *équivalent du Procureur de la République*
a MASH	a Mobile Army Surgical Hospital *hôpital militaire de campagne*
an S&L	a Savings and Loan association *société de crédit immobilier*
a WASP	a White Anglo-Saxon Protestant

3M	Minnesota Manufacturing and Mining Company
ABC	American Broadcasting Company
AT&T	American Telephone and Telegraph Company
CBS	Columbia Broadcasting System
CNN	Cable News Network
DC	District of Columbia
IBM	International Business Machines
NBC	National Broadcasting Company

Divers

the ANC	the African National Congress
the CAP	the Common Agricultural Policy *la PAC*
the EC	the European Community
the EMS	the European Monetary System *le SME*
the EU	the European Union
the GATT	the General Agreement on Tariffs and Trade
the IMF	the International Monetary Fund *le FMI*
the IRA	the Irish Republican Army
the OECD	the Organisation for Economic Cooperation and Development *l'OCDE*
the UN *(Sg)*	the United Nations *les Nations Unies (ONU)*
the WTO	the World Trade Organisation *l'Organisation Mondiale du Commerce (OMC)*
the 3 R's [ɑːz]	Reading, wRiting and aRithmetic / Reckoning *les bases*
a CEO	a Chief Executive Officer *un directeur-général (DG)*
a GP	a General Practitioner *un médecin généraliste*
a VCR	a Video Cassette Recorder *un magnétoscope*
a VIP	a Very Important Person *une personnalité*
an IOU	(*transcription phonétique de* I owe you) *reconnaissance de dette*
an IQ	an Intelligence Quotient *(QI)*
an MBA	a Master of Business Administration
an MEP	a Member of the European Parliament
an NGO	a Non-Governmental Organisation *(ONG)*
AWOL	Absent Without Leave
AD	Anno Domini *après J.C.*
BA	Bachelor of Arts *licencié ès lettres*
BC	Before Christ *avant J.C.*
DIY	Do-It-Yourself *bricolage*

DNA	Deoxyribonucleic Acid *(ADN)*
FIFO	First In First Out *Premier entré, premier sorti (gestion des stocks)*
GDP	Gross Domestic Product *Produit intérieur brut (PIB)*
GMT	Greenwich Mean Time
GNP	Gross National Product *Produit national brut (PNB)*
HQ	Headquarters *quartier général, siège social*
ID	Identity Document *pièce d'identité*
LIFO	Last In First Out *Dernier entré, premier sorti (gestion des stocks)*
MA	Master of Arts *titulaire d'une maîtrise ès lettres*
MIA	Missing In Action *porté disparu*
NIMBY	Not In My Back Yard *Pas chez moi*
OPEC	Organisation of Petroleum Exporting Countries *(OPEP)*
PR	Public Relations
R&D	Research and Development
UNESCO	United Nations Educational, Scientific and Cultural Organisation
VE-Day	Victory in Europe Day *le 8 mai 1945*

3. Emplois métonymiques

Britanniques

▶ **Buckingham**

Résidence londonienne de la reine / la reine

▶ **10 Downing Street**

Résidence du Premier ministre / le Premier ministre

▶ **11 Downing Street**

Résidence du Chancelier de l'Echiquier (ministre des Finances) / le Chancelier

▶ **Downing Street**

Le gouvernement

▶ **Fleet Street**

Rue de Londres où de nombreux journaux ont leur rédaction / la presse britannique

▶ **Scotland Yard (officiellement New Scotland Yard)**

Quartier général de la police de Londres / la police londonienne

▶ **the City**

Quartier des affaires de Londres, comprenant en particulier la Bourse et la Banque d'Angleterre / les milieux d'affaires londoniens

▶ **Westminster**

Quartier de Londres où est situé le Parlement / le Parlement et/ou le gouvernement

▶ **Whitehall**

Rue de Londres où sont situés de nombreux ministères / le gouvernement

Américains

▶ **Broadway**

Rue de New York où sont situées de nombreuses salles de spectacle / le monde du spectacle new-yorkais

▶ **Capitol Hill**

Petite colline où est situé le bâtiment abritant le Congrès fédéral américain / le pouvoir législatif

▶ **Madison Avenue**

Rue de New York où sont situées les grandes agences de publicité / le monde américain de la publicité

▶ **Pennsylvania Avenue**

Rue de Washington reliant la Maison Blanche au Capitole / les pouvoirs exécutif et législatif

▶ **State Capitol (ou Statehouse)**

Bâtiment abritant les assemblées législatives d'un des 50 Etats / le pouvoir législatif de chaque Etat

▶ **the Beltway**

Boulevard périphérique de Washington / les milieux politiques de Washington

▶ **the White House**

Résidence du président des Etats-Unis, située au 1600 Pennsylvania Avenue / le pouvoir exécutif

▶ **Wall Street**

Rue de New York où est située la Bourse / les milieux financiers new-yorkais

▶ **Watergate**

Immeuble de Washington qui abritait des locaux du Parti démocrate à l'époque de Nixon / le scandale qui a contraint Nixon à démissionner en 1974

▶ **Whitewater**

Opération immobilière douteuse dont le couple Clinton était actionnaire / le scandale qui a suivi

V. Usage britannique - Usage américain

1. Faux-amis britanniques-américains

	GB	**US**
addition (restaurant)	bill	check
billet (de banque)	(bank)note	bill
ancien combattant	ex-serviceman	veteran, vet
vétérinaire	vet	veterinarian
appartement	flat	apartment
crevaison	puncture	flat
bretelles	braces	suspenders
jarretelle	suspender	garter
caleçon	pants	underpants / drawers
pantalon	trousers	pants
chips	potato crisps	chips
frites	chips	(French) fries
en colère	angry	mad
fou	mad	insane
être malade	be ill	be sick
vomir	be sick	throw up
football	football	soccer
football américain	American football	football
gilet	waistcoat	vest
maillot de corps	vest	undershirt
gomme	rubber	eraser
préservatif	condom	condom / rubber *(familier)*
métro	tube	subway
passage souterrain	subway	underground passage
portefeuille	wallet	pocketbook
porte-monnaie	purse	change purse
sac à main	handbag	purse, pocketbook

2. Autres cas

	GB	US
agent immobilier	estate agent	real estate agent
aller et retour	return	round-trip
aller simple	single	one-way
appartement en copropriété	owner-occupied flat	condo(minium)
ascenseur	lift	elevator
aubergine	aubergine	eggplant
autocar	coach	long-distance bus
autoroute	motorway	expressway, superhighway
bagages	luggage *(Sg)*	baggage *(Sg)*
bateau à voile	sailing boat	sailboat
berger allemand	Alsatian	German shepherd dog
berline	saloon car	sedan
boîte de conserves	tin	can
bonbons	sweets	candy, candies
break	estate car	station wagon
C.*V.*	curriculum vitae	résumé
caissier	cashier	teller
camion	lorry	truck
capot (voiture)	bonnet	hood
caravane	caravan	trailer
centre commercial	shopping precinct	shopping mall
cercueil	coffin	casket
chariot (supermarché)	trolley	cart
chemin de fer	railway	railroad
cheminée	chimney	smokestack
classe, niveau	form	grade
clé anglaise	spanner	monkey wrench
code postal	postal code	zip code
coffre (voiture)	boot	trunk
collant	tights	pantyhose
concierge	caretaker	janitor
consigne (gare)	left luggage office	checkroom
couche pour bébé	nappy	diaper
couette	eiderdown	quilt
courgette	courgette	zucchini
courrier	post	mail
cul	arse	ass
docker	docker	longshoreman
éboueur	dustman	garbage collector

	GB	US
école privée (huppée)	public school	prep school
élève	pupil	student
essence	petrol	gas(oline)
État	State	(federal) government[1]
étudiant de 1re année	first-year student	freshman
étudiant de 2e année	second-year student	sophomore
étudiant de 3e année	third-year student	junior
étudiant de 4e année	final-year student	senior
étudiante	girl undergraduate	co-ed
facteur	postman	mailman
faire la vaisselle	wash up	wash the dishes
file d'attente	queue	line
fisc	Inland Revenue	Internal Revenue
gaz lacrymogène	CS gas	mace
guillemets	inverted commas	quotation marks
heure d'été	summer time	daylight saving time
imper(méable)	mac(kintosh)	raincoat
jardin (de maison)	garden	backyard
lotissement	housing estate	housing project
lycée	secondary school	high school
magasin	shop	store
maïs	maize	corn
ménagère	housewife	homemaker
montagnes russes	big dipper	roller coaster
ordures	rubbish	trash
pare-brise	windscreen	windshield
parking	car park	parking lot
participe passé de get	got	gotten
pharmacie	chemist's (shop)	drugstore
placard	cupboard	closet
point (ponctuation)	full stop	period
poubelle	dustbin	trash can
prise de courant	power point	electric outlet
rez-de-chaussée	ground floor	first floor
robinet	tap	faucet
route à quatre voies	dual carriageway	divided highway
salle de cinéma	cinema	(movie) theater

---

[1] Il s'agit de l'État comme pouvoir. Ex : *Big government versus small government* le tout-État contre le moins d'État. Les Américains n'utilisent *State* (ou *state*) que pour désigner un des 50 États de l'Union.

	GB	US
se laver	wash	wash up
sec (whisky)	neat	straight
serviette périodique	sanitary towel	sanitary napkin
smoking	dinner jacket	tuxedo
sur liste rouge (téléphone)	ex-directory	unlisted
syndicat	trade union	labor union
taxi	taxi	cab
télégramme	telegram	wire
toilettes	ladies' (or men's) room	rest room
toilettes publiques	public convenience	public toilet
tramway	tram	streetcar
trimestre scolaire	school term	semester
trottoir	pavement	sidewalk
type	bloke	guy
vacances	a holiday	a vacation
vendeur	shop assistant	sales clerk
wagon	railway carriage	railroad car
whisky	whisky	Scotch

4

Prononciation

Retenir

Les problèmes de prononciation les plus fréquents

Approfondir

Retenir

Les problèmes de prononciation les plus fréquents

I. Les sons de l'anglais

1. Les consonnes

[p]	pot	[f]	foot	[ʃ]	ship	[m]	man
[b]	but	[v]	vain	[ʒ]	measure	[n]	nest
[t]	tick	[s]	sit	[tʃ]	chip	[ŋ]	sing
[d]	dot	[z]	zoom	[dʒ]	Jim	[h]	hot
[k]	cot	[θ]	think	[l]	let, little	[j]	yet
[g]	got	[ð]	this	[r]	rat	[w]	wet

2. Les voyelles

[iː]	need	[uː]	fool	[e]	bed	[ɒ]	pot
[ɑː]	car	[ɜː]	term	[æ]	cat	[ʊ]	full
[ɔː]	core	[ɪ]	sit	[ʌ]	cut	[ə]	bigger

3. Les diphtongues

[eɪ]	late	[ɔɪ]	boy	[aʊ]	cow	[ɛə]	fare
[aɪ]	my	[əʊ]	go	[ɪə]	fear	[ʊə]	poor

II. Comment épeler ou lire

1. Les lettres de l'alphabet

A [eɪ]	K [keɪ]	C [siː]	G [dʒiː]
H [eɪtʃ]		D [diː]	P [piː]
J [dʒeɪ]	B [biː]	E [iː]	T [tiː]

V [vi:]	N [en]	Y [waɪ]	W ['dʌbl'ju:]
	S [es]		
F [ef]	X [eks]	O [əʊ]	R [ɑ:]
L [el]		Q [kju:]	Z [zed] *(GB)*, [zi:] *(US)*
M [em]	I [aɪ]	U [ju:]	

Noter la prononciation des lettres doubles :

CC ['dʌbl'si:]
LL ['dʌbl'el]
OO ['dʌbl'əʊ]

2. Les signes de ponctuation

, comma ['kɒmə] *virgule*
; semicolon ['semɪ'kəʊln] *point-virgule*
: colon ['kəʊln] *deux points*
- hyphen ['haɪfn] *trait d'union*
— dash [dæʃ] *tiret*
. full stop *(GB)*, period ['pɪərɪəd] *(US) point*
! exclamation mark *point d'exclamation*
? question mark *point d'interrogation*
' apostrophe [ə'pɒstrəfɪ] *apostrophe*
" " inverted commas, quotation marks *guillemets*
" Open inverted commas *Ouvrez les guillemets*
" Close inverted commas *Fermez les guillemets*
( ) brackets ['brækɪts] *parenthèses*
(Open brackets *Ouvrez la parenthèse*
) Close brackets *Fermez la parenthèse*
[ ] square brackets *crochets*

3. Chiffres, nombres, numéros et dates

Les chiffres *(digits)*

0 nought [nɔ:t] *(GB)* / zero ['zɪərəʊ] *(US)*
(Football) nil *(GB)* / zero, nothing *(US)*
(Tennis) love

1s and 0s, ones and noughts, ones and zeros *des 1 et des 0*

Les nombres *(figures)*

11 eleven [ɪ'levn]
13 thirteen [θɜ:'ti:n]

30 thirty ['θɜːtɪ]
14 fourteen [fɔː'tiːn]
40 forty ['fɔːtɪ]
15 fifteen [fɪf'tiːn]
50 fifty ['fɪftɪ]

1.6 one point six *un virgule six*

10^2 ten squared
10^3 ten cubed
10^{12} ten to the power of twelve

2,000 two thousand
2,003 two thousand and three
2,053 two thousand and fifty-three
2,753 two thousand seven hundred and fifty-three

Les numéros *(numbers)*

Les numéros de téléphone se décomposent en chiffres :
665420 six six five four two o *(GB)* / zero *(US)*

Les numéros de chambres d'hôtel se décomposent aussi :
Room 123 Room one two three, Room one twenty-three

Les dates

July 21 July the twenty-first *(GB)* / July twenty-one *(US)*

1900 nineteen hundred
1905 nineteen o five
1995 nineteen ninety-five
2000 two thousand
2001 two thousand and one
2025 two thousand and twenty-five

III. Les fautes les plus fréquentes

1. Prononciation

abroad [ə'brɔːd] Comme **lord**
acknowledge [ə'knɒlɪdʒ] La graphie <ck> se prononce toujours.

alien ['eɪlɪən]	
also ['ɔːlsəʊ]	Comme **all + so**
answer ['ɑːnsə]	Comme **dancer**
aren't [ɑːnt]	Comme **aunt** *(tante)*
argue ['ɑːgjuː]	Comme **you**
author ['ɔːθə]	La graphie <au> n'est jamais diphtonguée.
because [bɪ'kɒz]	Comme **was**
blood [blʌd]	Comme **mud** *(boue)*
bought [bɔːt]	Comme **port**
Britain ['brɪtn]	Comme **written**
build [bɪld]	Comme **skilled**
Bush [bʊʃ]	Comme **push**
business ['bɪznɪs]	Comme " show biz "
case [keɪs]	Comme **face**
change [tʃeɪndʒ]	Comme **chain** *(chaîne)*
cleanse [klenz]	Comme **tens** *(des dizaines)*
close [kləʊs] *proche, près*	Comme **gross**
close [kləʊz] *fermer*	Comme **rose**
clothes [kləʊðz], [kləʊz]	
colour ['kʌlə]	Comme **mullah** *(mollah)*
come [kʌm]	Comme **plum** *(prune)*
could [kʊd]	Comme **good**, **should** et **would**
country ['kʌntrɪ]	Comme **hunt** *(chasse)*
crime [kraɪm]	Comme **prime**
crisis ['kraɪsɪs]	Comme **Onassis**
culture ['kʌltʃə]	Comme **teacher** et **future**
current ['kʌrənt]	Comme **curry** et **courage**
customer ['kʌstəmə]	Comme **dust** *(poussière)* et **must**
danger ['deɪndʒə]	Comme **a Dane** *(un Danois)*
debt [det]	Comme **let**
determine [dɪ'tɜːmɪn]	Comme **win**
dollar ['dɒlə]	Comme **soccer** et **collar** *(col)*
done [dʌn]	Comme **gun**
doubt [daʊt]	Comme **out**
effort ['efət]	Comme **Frankfurt** et **comfort**
enough [ɪ'nʌf]	Comme **puff** *(haleter)*
environment [ɪn'vaɪərənmənt]	Comme dans **Byron** ['baɪərən]
even ['iːvn]	Comme **Steven**
examine [ɪg'zæmɪn]	Comme **win** et **determine**
failure ['feɪljə]	Penser au son [j] du français " lieu " [ljø]
famous ['feɪməs]	Comme **octopus** ['ɒktəpəs] *(pieuvre)*
fashion ['fæʃn]	Comme **passion**

finally ['faɪnəlɪ]	Comme **fine**
firm [fɜːm]	Comme **term**
flood [flʌd]	Comme **mud** et **blood**
foreign ['fɒrɪn]	Comme **Latin**
frequent ['friːkwənt]	Comme **freak** [friːk] *(monstre)*
future ['fjuːtʃə]	Comme **few**
gone [gɒn]	Comme **Don**
government ['gʌvənmənt]	Trois syllabes
great [greɪt]	Comme **late**
half [hɑːf]	Comme **laugh**
heart [hɑːt]	Comme **art**
huge [hjuːdʒ]	Comme **refuge**
interest ['ɪntrɪst]	Comme **wrist** [rɪst] *(poignet)*
interfere [ɪntə'fɪə]	Comme **fear** et **mere**
interviewed [ɪntə'vjuːd]	Comme **nude**
journalist ['dʒɜːnəlɪst]	Comme **burn** et **turn**
journey ['dʒɜːnɪ]	Comme **happy**
key [kiː]	Comme **we**
law [lɔː]	Comme **lore** *(coutumes)* et **four**
legal ['liːgl]	Comme **league**
live [lɪv] *(V) vivre*	Comme le verbe **give**
live [laɪv] *(Adj) en direct*	Comme l'adjectif **five**
low [ləʊ]	Comme **go**
major ['meɪdʒə]	Comme **teenager**
marriage ['mærɪdʒ]	Comme **fridge**
measure ['meʒə]	Comme **pleasure** et **treasure**
media ['miːdɪə]	Comme **me**
method ['meθəd]	Comme **death**
minute ['mɪnɪt]	Comme **lit** et **knit**
money ['mʌnɪ]	Comme **funny**
national ['næʃənl]	Comme **cash** et **rational**
old [əʊld]	Comme **cold** et **unfold** *(dérouler)*
only ['əʊnlɪ]	Comme **own** et **phone**
party ['pɑːtɪ]	Comme **pretty**
poverty ['pɒvətɪ]	Penser au français " pauvreté "
previous ['priːvjəs]	Comme **we**
private ['praɪvɪt]	Comme **try** et **fit**
product ['prɒdʌkt]	Comme le nom **conduct**
promise ['prɒmɪs]	Comme **miss**
psychology [saɪ'kɒlədʒɪ]	Comme **sigh** [saɪ] *(soupirer)*
purpose ['pɜːpəs]	Comme **sir** et **fam<u>ous</u>**
put [pʊt]	Comme **foot**

qualify ['kwɒlɪfaɪ]	Comme **queen** et **doll** [dɒl] *(poupée)*
quite [kwaɪt]	Comme **white**
recent ['ri:snt]	Comme **we**
said [sed]	Comme **bed**
scientist ['saɪəntɪst]	Comme **sigh** [saɪ]
secret ['si:krɪt]	Comme **seek**
senate ['senɪt]	Comme **knit**
senior ['si:nɪə]	Comme **seen**
serious ['sɪərɪəs]	Comme **seer** *(voyant)*
ski [skɪ]	≠ **sky** [skaɪ] *(ciel)*
standard ['stændəd]	Comme **considered** [kən'sɪdəd]
study ['stʌdɪ]	Comme **Daddy**
suicide ['sjʊɪsaɪd]	Comme **side**
these [ði:z]	Comme **ease**
think [θɪŋk]	≠ **sink** *(couler)*
those [ðəʊz]	Comme **nose** et **goes**
touch [tʌtʃ]	Comme **such**
tough [tʌf]	Comme **enough** et **puff**
urban ['ɜ:bn]	Comme **verb** et **curb**
urge [ɜ:dʒ]	Comme **merge**
vehicle ['vi:ɪkl]	Comme **me** et **bicycle**
violence ['vaɪələns]	Comme **fire**
were [wɜ:]	Comme **burn** et **learn**
weren't [wɜ:nt]	Comme **burnt** et **learnt**
whole [həʊl]	Comme **coal** et **pole** *(poteau)*
woman ['wʊmən]	Comme **demon** ['di:mən]
women ['wɪmɪn]	Comme **whim** *(caprice)*
work [wɜ:k]	Comme **Turk**
world [wɜ:ld]	Comme **curled** *(frisé)*
young [jʌŋ]	Comme **lung** *(poumon)*

▶ **Cas particulier**

the [ðə] Devant consonne et <u>. Ex : **the universe** [ðə'jʊnɪvɜ:s]
the [ðɪ] Devant voyelles <a>, <e>, <i> et <o>. Ex : **the answer** [ðɪ'ɑ:nsə]
the [ði:] Quand l'article est accentué. Ex : **THE car** ['ði:'kɑ:] *la voiture par excellence*

2. Accentuation

Accent sur la première syllabe

'advertising	*(la) publicité*
'affluence	*richesse, abondance*
'agriculture	*agriculture*
'ally *(N)*	*allié*
'atmosphere	*atmosphère, ambiance*

'attitude	*attitude, comportement*
'Britain	*Grande-Bretagne*
'camera	*appareil photo*
'Canada	*Canada*
'category	*catégorie*
'circumstance	*circonstance*
'colleague	*collègue*
'comfortable	*confortable, à l'aise*
'comment on	*commenter*
'communism	*communisme*
'company	*entreprise*
'consequence	*conséquence*
'constitute	*constituer*
'content *(N)*	*contenu*
'courage	*courage*
'customer	*client*
'decade	*décennie*
'democrat	*démocrate*
'desert	*désert*
'desperate	*désespéré, prêt à tout*
'difference	*différence, différend*
'difficulty	*difficulté*
'discipline	*discipline*
'distance	*(Vb) distancer, (N) distance*
'dollar	*dollar*
'effort	*effort*
'emphasize	*mettre l'accent sur*
'empire	*empire*
'Europe	*Europe*
'focus	*(se) focaliser*
'follow	*suivre*
'foreign	*étranger*
'government	*gouvernement, Etat*
'history	*histoire*
'immigrant	*immigré*
'industry	*industrie*
'interesting	*intéressant*
'manage	*se débrouiller*
'manager	*directeur*
'necessary	*nécessaire*
'passion	*passion, colère*
'passionate	*passionné*
'policy	*politique*
'private	*privé*
'product	*produit*
'publish	*publier*
'purchase	*(Vb) acheter, (N) achat*
'purpose	*but, raison d'être*
'rebel *(N)*	*rebelle*
'recognize	*reconnaître*
'record *(N)*	*disque, record, archives*
'relative	*relatif, parent*
'senate	*sénat*
'senator	*sénateur*
'separate	*séparé*
'service	*service*
'spectacle	*spectacle*
'standard	*courant*
'study	*(Vb) étudier, (N) étude*
'subsidies	*subventions*
'surface	*(Vb) faire surface, (N) surface*
'survey	*(Vb) faire une enquête sur, (N) enquête*
'territory	*territoire*
'unity	*unité*
'value	*(Vb) faire grand cas de, (N) valeur*

<u>Accent sur la deuxième syllabe</u>

ac'cept	*accepter, admettre*
ad'vantage	*avantage*
ad'vertisement	*(une) publicité*
a'ffair	*affaire, liaison amoureuse*
a'nother	*un(e) autre*
a'ppreciate	*être conscient de, apprécier*
a'rrive	*arriver*
a'ssociate	*associer*
a'sylum	*asile*
Aus'tralia	*Australie*
ba'nal	*banal*
be'ginning	*commencement*
be'lieve	*croire*
Bra'zil	*Brésil*
ca'nal	*canal*
ca'reer	*carrière*
ca'tastrophe	*catastrophe*
Chi'nese	*chinois*
co'mmit	*commettre, engager*
co'mmunity	*communauté*
com'petitive	*concurrentiel*
com'plaint	*réclamation*
con'clude	*conclure*
con'dition	*condition*
con'sider	*considérer, envisager*
con'sumer	*consommateur*
con'trol	*(Vb) maîtriser, (N) maîtrise*
con'vincing	*convaincant*
cou'rageous	*courageux*
cre'ate	*créer*
de'bate	*(Vb) discuter, (N) débat*
de'fence	*défense*
de'gree	*degré, diplôme*
de'liver	*livrer*
de'termine	*fixer, décider*
De'troit	*Detroit*
de'velop	*(se) développer*
di'rector	*directeur, administrateur*
dis'cover	*découvrir*
dis'cuss	*parler de*
di'sease	*maladie*
e'conomy	*économie*
e'fficient	*efficace*
em'ployer	*employeur*
en'courage	*encourager*
e'normous	*énorme*
e'nough	*assez*
en'thusiasm	*enthousiasme*
en'vironment	*environnement*
e'quality	*égalité*
es'pecially	*surtout*
e'vent	*événement*
e'xam	*examen*
e'xample	*exemple*
e'xecutive	*exécutif, cadre*
ex'perience	*(Vb) vivre (qqch), (N) expérience*
ex'tent	*étendue*
for'get	*oublier*
his'toric	*historique*
ho'tel	*hotel*
i'dea	*idée*
i'dentify	*identifier*
i'llegal	*illégal, clandestin*
i'magine	*imaginer*
in'crease *(V)*	*augmenter*
in'ternal	*interne*
I'ran	*Iran*
I'raq	*Irak*
Ja'pan	*Japon*
Ku'wait	*Koweit*
ma'ture	*(Vb) mûrir, (Adj) mûr*

mi'nority	*minorité*
o'pponent	*adversaire*
o'ppose	*s'opposer à*
o'riginal	*original, originel*
par'ticularly	*en particulier*
per'cent	*pour cent*
per'formance	*exécution, performance, résultats*
phe'nomenon	*phénomène*
po'lice	*(Vb) faire régner l'ordre dans, (N) police*
po'litical	*politique*
pre'fer	*préférer*
pro'duce	*produire*
pro'fession	*profession libérale*
pro'fessor	*professeur d'université*
pros'perity	*prospérité*
pro'tectionism	*protectionnisme*
re'cession	*récession, crise*
re'cord *(V)*	*enregistrer*
re'public	*république*
re'publican	*républicain*
re'sent	*en vouloir à*
res'pect	*(Vb) respecter, (N) respect*
res'ponsible	*responsable*
re'sult	*(Vb) résulter, (N) résultat*
ro'mance	*roman à l'eau de rose*
ro'mantic	*romantic*
spec'tator	*spectateur*
suc'ceed	*réussir*
suc'cess	*réussite*
Su'dan	*Soudan*
su'ppose	*supposer*
tech'nology	*technologie, technique*
u'nite	*(s')unir*

Accent principal sur la troisième syllabe

ˌCali'fornia	*Californie*
ˌcompe'tition	*concurrence*
ˌdemo'cratic	*démocratique*
ˌeco'nomic	*économique*
ˌeco'nomics	*science économique*
ˌelec'tronics	*(l')électronique*
ˌemplo'yee	*employé*
ˌEuro'pean	*européen*
ˌhypo'critical	*hypocrite*
ˌinde'pendent	*indépendant*
ˌinter'fere	*s'ingérer*
ˌopti'mistic	*optimiste*
ˌPakis'tan	*Pakistan*
ˌperso'nality	*personnalité*
ˌpoli'tician	*homme politique*
ˌrepre'sent	*représenter*
ˌsitu'ation	*situation*
ˌunder'stand	*comprendre*
ˌunem'ployment	*chômage*

Approfondir

I. *De la graphie au son*

1. Graphies muettes

Graphie A

▶ Graphie <ain> inaccentuée

bargain ['bɑːgɪn]	*bonne affaire*
Britain ['brɪtn]	*Grande-Bretagne*
captain ['kæptɪn]	*capitaine*
certain ['sɜːtn]	*certain*
villain ['vɪlən]	*vaurien*

▶ Graphie <iage>

carriage ['kærɪdʒ]	*wagon*
marriage ['mærɪdʒ]	*mariage (institution)*

▶ Divers

extraordinary [ɪks'trɔːdnrɪ]	*extraordinaire*
teetotaller ['tiː'təʊtlə]	*personne ne buvant jamais d'alcool*

Graphie B

▶ Graphie <bt>

debt [det]	*dette*
doubt [daʊt]	*doute*
subtle [sʌtl]	*subtil*

▶ Graphie <mb>

bomb [bɒm]	*bombe*
climb [klaɪm]	*grimper*

comb [kəʊm] *peigne, peigner*
crumb [krʌm] *miette*
dumb [dʌm] *muet*
lamb [læm] *agneau*
limb [lɪm] *membre, branche*
numb [nʌm] *engourdi*
plumber ['plʌmə] *plombier*
tomb [tu:m] *tombe*

Graphie C

Connecticut [kə'netɪkət] *(petit état de Nouvelle-Angleterre)*
indict [ɪn'daɪt] *mettre en accusation*
muscle [mʌsl] *muscle*
victuals [vɪtlz] *victuailles*

Graphie CH

schism [sɪzəm] *schisme*
yacht [jɒt] *yacht*

Graphie D

handkerchief ['hæŋkətʃɪf] *mouchoir*
sandwich ['sænwɪdʒ] *sandwich*
Wednesday ['wenzdeɪ] *mercredi*

Graphie E

▶ En milieu de mot

aren't [ɑ:nt]
desperate ['desprɪt] *désespéré, prêt à tout*
difference ['dɪfrəns] *différence, différend*
foreign ['fɒrɪn] *étranger (Adj)*
interest ['ɪntrɪst] *intérêt*
literature ['lɪtrətʃə] *littérature*
Seoul [səʊl] *Séoul*
temperature ['temprətʃə] *température*
temporary ['temprərɪ] *temporaire*
vineyard ['vɪnjəd] *vignoble*
weren't [wɜ:nt]

▶ En finale

mosque [mɒsk] *mosquée*
clothes [kləʊðz] *vêtements*

attorney [ə'tɜːrnɪ]	*mandataire, avocat*
honey ['hʌnɪ]	*miel*
journey ['dʒɜːnɪ]	*voyage*
kidney ['kɪdnɪ]	*rein*
Mickey ['mɪkɪ]	
money ['mʌnɪ]	*argent*
valley ['vælɪ]	*vallée*

Graphie G

gnat [næt]	*moucheron*
gnaw [nɔː]	*grignoter*
garden gnome [nəʊm]	*nain de jardin*
foreign ['fɒrɪn]	*étranger (Adj)*
campaign [kæm'peɪn]	*campagne (militaire)*
champagne [ʃæm'peɪn]	*champagne*
reign [reɪn]	*règne*
benign [bɪ'naɪn]	*bienveillant, bénin*
design [dɪ'zaɪn]	*concevoir*
resign [rɪ'zaɪn]	*démissionner*
sign [saɪn]	*signe*
paradigm ['pærədaɪm]	*modèle*

Graphie GH

freight [freɪt]	*fret*
neighbour	*voisin*
weigh [weɪ]	*peser*
weight	*poids*
high [haɪ]	*haut*
height [haɪt]	*hauteur*
Hugh [hjuː]	
sigh [saɪ]	*soupir, soupirer*
sight	*vue, spectacle*
bought [bɔːt]	
brought	
daughter	*fille*
Maugham [mɔːm]	
ought to	
thought	

Vaughan [vɔːn]	
although ['ɔːlðəʊ]	*bien que*
though	*bien que*
thorough ['θʌrəʊ]	*approfondi*
plough [plaʊ]	*charrue, labourer*
through [θruː]	*au travers de*

Graphie H

heir [ɛə]	*héritier*
honest ['ɒnɪst]	*honnête*
honour ['ɒnə]	*honneur*
hour [aʊə]	*heure*
Anthony ['æntənɪ]	
Esther ['estə]	
Thai [taɪ], Thailand	
Thames [temz]	*Tamise*
Thomas ['tɒməs]	
Thomson, Thompson ['tɒmsn]	
annihilate [ə'naɪəleɪt]	*anéantir*
forehead ['fɒrɪd]	*front*
shepherd ['ʃepəd]	*berger*
vehicle ['viːɪkl]	*véhicule*

Graphie I

friend [frend]	*ami*
Cecil ['sesl]	*(prénom masculin)*
council ['kaʊnsl]	*assemblée*
devil ['devl]	*diable*
evil ['iːvl]	*mal*
recruit [rɪ'kruːt]	*recrue*
suit [suːt]	*costume*

Graphie K

K est toujours muet à l'initiale dans <kn> :

knack [næk]	*truc, astuce*
knee	*genou*
knife	*couteau*
knight	*chevalier*

knit	*tricoter*
knock	*frapper*
knowledge	*savoir*

<u>Graphie L</u>

could [kʊd]	
should	
would	
calf [kɑːf]	*veau, mollet*
half	*moitié*
chalk [tʃɔːk]	*craie*
talk	*bavarder*
walk	*marcher*
calm [kɑːm]	*calme*
palm [pɑːm]	*paume de la main*
palmistry	*chiromancie*
qualm [kwɑːm]	*scrupule*
almond ['ɑːmənd]	*amande*
salmon ['sæmən]	*saumon*
colonel ['kɜːnl]	*colonel*

<u>Graphie M</u>

mnemonic [nɪ'mɒnɪk]	*mnémotechnique*

<u>Graphie N</u>

autumn ['ɔːtəm]	*automne*
column	*colonne*
condemn	*condamner*
damned [dæmd]	*damné, maudit*
hymn	*hymne*
solemn	*solennel*

<u>Graphie O</u>

Geoffrey ['dʒefrɪ]	
jeopardize ['dʒepədaɪz]	*compromettre*
Leonard ['lenəd]	
leopard ['lepəd]	*léopard*
courteous ['kɜːtjəs]	*courtois*
scourge [skɜːdʒ]	*fléau, calamité*

Graphie P

▶ Graphies <pn>, <ps> et <pt>

pneumatic [njuːˈmætɪk]	*pneumatique*
pneumonia	*pneumonie*
pseudo- [ˈsjuːdəʊ]	*pseudo*
psyche [ˈsaɪkɪ]	*âme*
psychiatrist [saɪˈkaɪətrɪst]	*psychiatre*
psychology [saɪˈkɒlədʒɪ]	*psychologie*
pterodactyl [terəˈdæktl]	*ptérodactyle*
Ptolemy [ˈtɒlɪmɪ]	*Ptolémée*

▶ Divers

corps [kɔː]	*corps (d'armée)*
cupboard [ˈkʌbəd]	*placard*
receipt [rɪˈsiːt]	*reçu*

Graphie R

iron [aɪən]	*fer*

Graphie S

aisle [aɪl]	*allée, couloir central*
corps [kɔː]	*corps (d'armée)*
island	*île*
viscount [ˈvaɪkaʊnt]	*vicomte*
Arkansas [ˈɑːkənsɔː]	
Des Moines [dɪˈmɔɪn]	
Illinois [ˈɪlɪnɔɪ]	
Louisville [ˈluːɪvɪl]	

Graphie T

castle [kɑːsl]	*château-fort*
mistletoe	*gui*
whistle	*siffler*
jostle	*jouer des coudes*
bustle [bʌsl]	*s'affairer*
hustle	*bousculer*
chasten [tʃeɪsn]	*punir*
christen	*baptiser*

fasten [fɑ:sn]	*attacher*
hasten [heɪsn]	*se hâter*
listen	*écouter*
moisten [mɔɪsn]	*humecter*
soften	*adoucir*
buffet ['bʊfeɪ]	*buffet, collation*
Christmas	*Noël*
mortgage ['mɔ:gɪdʒ]	*prêt hypothécaire*
mustn't ['mʌsnt]	

often (N.B. Certains anglophones prononcent [ɒftn].)

Graphie U

build [bɪld]	*construire*
building	*bâtiment*
buoy [bɔɪ]	*bouée*
buoyant ['bɔɪənt]	*enjoué, optimiste*
buy [baɪ]	*acheter*
biscuit ['bɪskɪt]	*gâteau sec*
circuit ['sɜ:kɪt]	*circuit*
aunt [ɑ:nt]	*tante*
gauge [geɪdʒ]	*jauge, jauger*
cough [kɒf]	*tousser*
plague [pleɪg]	*peste, fléau*
disguise [dɪs'gaɪz]	*déguiser*
guarantee [gærən'ti:]	*garantie*
guard [gɑ:d]	*garde*
guardian	*tuteur*
guess	*deviner*
guest	*invité*
Guiana [gaɪ'ænə]	*les Guyanes*
guide	*guide*
guild [gɪld]	*guilde*
guilt	*culpabilité*
guinea pig ['gɪnɪpɪg]	*cobaye*
guise [gaɪz]	*aspect, apparence*
guy [gaɪ]	*type*
safeguard	*sauvegarde*
conquer ['kɒŋkə]	*conquérir*
liquor ['lɪkə]	*alcool fort*

liquorice	*réglisse*
mosquito [məs'ki:təʊ]	*moustique*

Graphie W

who
whose
whole [həʊl]

awry [ə'raɪ]	*de travers*
wrap	*emballer*
write	*écrire*
answer ['ɑ:nsə]	*répondre*
Greenwich ['grɪnɪdʒ]	
knowledge ['nɒlɪdʒ]	
sword [sɔ:d]	*épée*
boatswain [bəʊsn]	*maître d'équipage*
coxswain [kɒksn]	*barreur (Aviron)*

Graphie Y

mayor [mɛə]	*maire*
Reynolds ['renəldz]	

2. Le -E final

-E muet dans une syllabe accentuée

▶ **Son rôle**

Il modifie la prononciation de la voyelle précédente, qui se prononce alors comme une diphtongue :

mad [mæd]	made [meɪd]
Sam	same
rat	rate
far [fɑ:]	fare [fɛə] *prix du billet*
her [hɜ:]	here [hɪə]
hid [hɪd]	hide [haɪd]
Tim	time
quit	quite
fir [fɜ:] *sapin*	fire [faɪə]
hop [hɒp] *saut*	hope [həʊp]

▶ **Exceptions**

gone [gɒn]	*participe passé de* go
shone [ʃɒn]	*prétérit et participe passé de* shine
lose [lu:z]	*perdre*
move [mu:v]	*déménager*
prove [pru:v]	*prouver*
whose [hu:z]	

▶ **Cas particuliers**

La graphie <u> passe de [ʌ] à [ju:], qui n'est pas une diphtongue, mais la séquence semi-voyelle [j] + voyelle tendue [u:] :

cut [kʌt]	cute [kju:t] *mignon*
us	use
bus	abuse *abuser de*
sum *somme*	assume *supposer*

La présence du -E muet modifie également la prononciation de la graphie <g>, qui passe de [g] à [dʒ] :

rag *chiffon*	rage [reɪdʒ]
stag *cerf*	stage *scène, étape*
rang	range [reɪndʒ] *étendue, gamme*
hug *étreindre*	huge [hju:dʒ] *énorme*

De même, la prononciation de la graphie <th> passe de [θ] à [ð] :

bath [bɑ:θ] *bain*	bathe [beɪð] *se baigner*
breath [breθ] *haleine*	breathe [bri:ð] *respirer*
cloth [klɒθ] *tissu*	clothe [kləʊð] *habiller*
teeth [ti:θ] *dents*	teethe [ti:ð] *faire ses dents*

<u>-E prononcé</u> [ɪ]

▶ **Mots d'origine grecque**

apostrophe [ə'pɒstrəfɪ]	*apostrophe*
catastrophe [kə'tæstrəfɪ]	*catastrophe*
epitome [ɪ'pɪtəmɪ]	*quintessence*
hyperbole [haɪ'pɜ:bəlɪ]	*hyperbole (figure de style)*
psyche ['saɪkɪ]	*psychisme*
simile ['sɪmɪlɪ]	*comparaison*
Aphrodite [ˌæfrə'daɪtɪ]	
Nike ['naɪkɪ]	*mot grec signifiant " la victoire "*
Penelope [pɪ'neləpɪ]	

▶ **Etymologies diverses**

adobe [ə'dəʊbɪ]	*pisé (maçonnerie faite de terre, de cailloux et de paille)*
Albuquerque ['ælbəkɜːkɪ]	
Apache [ə'pætʃɪ]	
Chile ['tʃɪlɪ]	*Chili*
coyote [kə'jɒtɪ]	*coyote*
Jesse ['dʒesɪ]	
recipe ['resɪpɪ]	*recette*
sesame ['sesəmɪ]	*sésame*
vigilante [vɪdʒɪ'læntɪ]	*membre d'un groupe d'auto-défense*
Yosemite [jəʊ'semɪtɪ]	

3. La Finale -ED

[ɪd]

Se prononce [ɪd] après les consonnes dentales [t] et [d] :

attend [ə'tend] *assister à*	attended [ə'tendɪd]
rot [rɒt] *pourrir*	rotted ['rɒtɪd]

Il faut y ajouter certains adjectifs :

aged ['eɪdʒɪd]	*vieux*
beloved [bɪ'lʌvɪd]	*bien aimé*
blessed ['blesɪd]	*béni, bienheureux*
crooked ['krʊkɪd]	*tortueux, malhonnête*
dogged ['dɒgɪd]	*tenace, persévérant*
jagged ['dʒægɪd]	*déchiqueté, dentelé*
learned ['lɜːnɪd]	*érudit*
naked ['neɪkɪd]	*nu*
ragged ['rægɪd]	*en lambeaux, en loques*
rugged ['rʌgɪd]	*rugueux, rude*
three-leggèd ['θriː'legɪd]	*(table) à trois pieds*
wicked ['wɪkɪd]	*méchant*
wretched ['retʃɪd]	*misérable, malheureux*

[t]

Se prononce [t] après les consonnes sourdes [f], [p], [k], [s] :

laugh [lɑːf]	*rire*	laughed [lɑːft]
top [tɒp]	*couronner*	topped [tɒpt]
tick [tɪk]	*faire tic-tac*	ticked [tɪkt]
fuss [fʌs]	*se tracasser*	fussed [fʌst]

[d]

Se prononce [d] après les autres consonnes :

arrive [ə'raɪv]	*arriver*	arrived [ə'raɪvd]
rob [rɒb]	*dévaliser*	robbed [rɒbd]
gag [gæg]	*bâillonner*	gagged [gægd]
buzz [bʌz]	*vibrer*	buzzed [bʌzd]
fill [fɪl]	*remplir*	filled [fɪld]
jam [dʒæm]	*coincer*	jammed [dʒæmd]
ban [bæn]	*interdire*	banned [bænd]
stir [stɜː]	*remuer*	stirred [stɜːd]

Il faut ajouter à cette liste les verbes en -ER, dont la consonne -R reste muette dans la graphie -ERED :

consider [kən'sɪdə]	*considérer*	considered [kən'sɪdəd]
offer ['ɒfə]	*offrir*	offered ['ɒfəd]
suffer ['sʌfə]	*souffrir*	suffered ['sʌfəd]
wonder ['wʌndə]	*se demander*	wondered ['wʌndəd]

4. Autres finales remarquables

Finales -ABLE et -IBLE

Contrairement à l'adjectif *able,* qui se prononce [eɪbl], le suffixe -ABLE est inaccentué et se prononce toujours [əbl].
Exemples :

available [ə'veɪləbl]	*disponible*
comfortable ['kʌmfətəbl]	*confortable, à l'aise*
favourable ['feɪvərəbl]	*favorable*
profitable ['prɒfɪtəbl]	*rentable*
remarkable [rɪ'mɑːkəbl]	*remarquable*
valuable ['væljʊəbl]	*précieux*

Même prononciation pour -IBLE :

incredible [ɪn'kredəbl]	*incroyable*
perceptible [pɜː'septəbl]	*perceptible*
possible ['pɒsəbl]	*possible, éventuel*
responsible [rɪs'pɒnsəbl]	*responsable*
sensible ['sensəbl]	*raisonnable*
terrible ['terəbl]	*terrible*

Finale -ATE

La prononciation est différente selon que le mot est un verbe ou non. Dans les verbes, -ATE se prononce [eɪt] ; dans les noms ou adjectifs, il se prononce [ɪt]. Ainsi, les verbes *appreciate, automate* ou *demonstrate* riment avec *date.* Mais les noms *climate* ou *senate,* les adjectifs *delicate* ou *private* riment avec *culprit.*

Il y a des cas remarquables d'homographes (mots ayant la même orthographe) qui ne sont pas homophones (mots ayant la même prononciation). Ainsi :

[eɪt]		[ɪt]	
advocate	*prôner*	advocate	*défenseur*
articulate	*exprimer*	articulate	*qui s'exprime clairement*
delegate	*déléguer*	delegate	*délégué*
estimate	*estimer*	estimate	*estimation*
graduate	*obtenir un diplôme*	graduate	*diplômé*
moderate	*modérer*	moderate	*modéré*
separate	*séparer*	separate	*séparé*

Finale -ICALLY

Se prononce [ɪklɪ] :

automatically [ɔːtə'mætɪklɪ] *automatiquement*
politically [pə'lɪtɪklɪ] *politiquement*
tragically ['trædʒɪklɪ] *tragiquement*

Finale -INE

▶ **[iːn]**

gasoline (US) ['gæsəliːn] *essence*
machine [mə'ʃiːn] *machine*
magazine [mægə'ziːn] *revue*
submarine [sʌbmə'riːn] *sous-marin*

▶ **[ɪn]**

determine [dɪ'tɜːmɪn] *déterminer*
examine [ɪg'zæmɪn] *examiner*

▶ **[aɪn]**

dine [daɪn] *dîner*
fine *beau, fin*
line *ligne*
mine *mine*
nine *neuf*
wine *vin*

Finale -ISE

▶ [aɪz]

advertise	*faire de la publicité pour*
advise	*conseiller*
compromise	*trouver un compromis, compromis*
devise	*élaborer*
enterprise	*entreprise*
exercise	*exercer, exercice*
paradise	*paradis*
surprise	*étonner, étonnement*
wise	*sage*

▶ [iːz]

expertise [ekspə'tiːz]	*compétence, savoir-faire*

▶ [ɪs]

promise ['prɒmɪs]	*promesse, promettre*

Finales - OUR et OUS

Se prononcent [ə] et [əs] :

favour ['feɪvə]	*favoriser*
labour ['leɪbə]	*travail*
dangerous ['deɪndʒərəs]	*dangereux*
nervous ['nɜːvəs]	*inquiet*

Finale -TION

Se prononce [ʃn] :

nation [neɪʃn]	*nation*
ambition [æm'bɪʃn]	*ambition*
consideration [kɒnsɪdə'reɪʃn]	*considération*

Finale -URE

▶ [ə]

feature ['fiːtʃə]	*particularité*
figure ['fɪgə]	*chiffre, silhouette*
future ['fjuːtʃə]	*avenir*
lecture ['lektʃə]	*sermonner, conférence*
structure ['strʌktʃə]	*structure*

▶ [jə]

failure ['feɪljə]	*échec*

▶ [jʊə]

endure [ɪn'djʊə]	*durer, endurer*
mature [mə'tjʊə]	*mûrir, mûr*

Finale -Y

▶ [ɪ] **en finale des noms, adjectifs et adverbes**

actually	*en fait*
assembly	*montage, assemblée*
heavy	*lourd*
party	*parti, fête*
tiny	*minuscule*

Exceptions

ally ['ælaɪ]	*allié*
July [dʒʊ'laɪ]	*juillet*
my	

▶ [aɪ] **en finale des verbes**

'classify ['klæsɪfaɪ]	*classer*
'justify	*justifier*
'notify	*notifier*
'simplify	*simplifier*
'specify	*préciser*
cry	*pleurer*
'multiply	*(se) multiplier*
'occupy	*occuper*
try	*essayer*
i'dentify	*identifier*
a'lly	*allier*
a'pply	*poser sa candidature*
de'fy	*défier*
re'ly on	*compter sur*
su'pply	*fournir*

Exceptions	
'copy ['kɒpɪ]	*copier*
'envy	*envier*
'fancy	*se figurer*
'lobby	*faire pression sur*
'remedy	*remédier à*
'study	*étudier*
'worry	*s'inquiéter*

5. Quelques prononciations inattendues

Graphie AI

▶ [e]

again [ə'gen]	*à nouveau*
against [ə'genst]	*contre*
said [sed]	*passé de* say

▶ [aɪ]

aisle [aɪl]	*allée centrale*
Cairo	*Le Caire*

▶ [ɪ], [ə] ou Ø en finale inaccentuée

bargain	*négocier, affaire*
captain	*capitaine*
certain	*certain*
mountain	*montagne*

Graphie AN

Se prononce [eɪn] dans :

angel [eɪndʒl]	*ange*
change	*évoluer, évolution*
danger	*danger*
range	*étendue, gamme*

Graphie AO

chaos [keɪɒs]	*chaos*
extraordinary [ɪks'trɔːdnrɪ]	*extraordinaire*
gaol [dʒeɪl]	*prison (orthographe vieillissante de* jail)

Graphie AW

▶ [ɔː]

awful ['ɔːfʊl]	*terrible, affreux*
crawl	*ramper*
draw	*tirer*
drawer [drɔː]	*tiroir*
hawk	*faucon*
law	*loi, droit*
lawn	*pelouse*
saw	*prétérit de* see

▶ **Cas des mots accentués sur la finale**

await [ə'weɪt]	*attendre*
award	*récompense*
away	
awry [ə'raɪ]	*de travers*

Graphie AY

Se prononce [e] dans :
says [sez]

Graphie C + voyelle

Se prononce de façon prévisible pour un francophone, sauf exceptions :

Celt [kelt]	*Celte, celte*
sceptic(al) ['skeptɪk(l)]	*sceptique*
ancient ['eɪnʃənt]	*antique*
ocean ['əʊʃn]	*océan*
vicious ['vɪʃəs]	*méchant*
cello ['tʃeləʊ]	*violoncelle*

Graphie CH

▶ [tʃ]

achieve	*réussir*
archbishop	*archevêque*
challenge	*défi*
child, children	*enfant(s)*
chip	*frite, puce électronique*
church	*église*
touch	*toucher*

▶ **[k]**

Cas prévisibles pour un francophone

chaos [keɪɒs]	*chaos*
character	*personnage*
Christian	*chrétien*
chronic	*chronique (Adj)*
mechanic	*mécanicien*
orchestra	*orchestre*
psychology [saɪ'kɒlədʒɪ]	*psychologie*

Cas imprévisibles pour un francophone

ache [eɪk]	*être douloureux*
Achilles [ə'kɪli:z]	*Achille*
anarchy ['ænəkɪ]	*anarchie*
anchor	*ancre de marine, présentateur de télévision*
Archimedes [ˌɑ:kɪ'mi:di:z]	*Archimède*
architect	*architecte*
archives ['ɑ:kaɪvz]	*archives*
bronchitis [brɒn'kaɪtɪs]	*bronchite*
chemical	*chimique*
chemist	*chimiste, pharmacien*
choir [kwaɪə]	*chœur, chorale*
hierarchy ['haɪərɑ:kɪ]	*hiérarchie*
monarchy ['mɒnəkɪ]	*monarchie*
parochialism [pə'rəʊkɪəlɪzm]	*esprit de clocher*
patriarch ['peɪtrɪɑ:k]	*patriarche*
psyche ['saɪkɪ]	*âme*
scheme [ski:m]	*projet, magouille*

▶ **[ʃ]**

chalet ['ʃæleɪ]	*chalet*
champagne	*champagne*
chandelier	*lustre*
Charlotte	
chassis ['ʃæsɪ]	*châssis*
chauvinist	*chauvin, macho, phallocrate*
chef	*cuisinier*
Chevrolet ['ʃevrəleɪ]	
Chicago [ʃɪ'kɑ:gəʊ]	
chute [ʃu:t]	*toboggan, vide-ordures*
machine [mə'ʃi:n]	*machine*
Michigan ['mɪʃɪgən]	

moustache [məs'tɑːʃ]	*moustache*
parachute	*parachute*

▶ **Cas particulier**

schedule ['ʃedjuːl] *(GB)*, ['skedjuːl] *(US) programme, horaire*

Graphie E + consonne dans une syllabe accentuée

Se prononce **[iː]** dans :

decent ['diːsnt]	*décent, honnête*
detail ['diːteɪl]	*détail*
Edith ['iːdɪθ]	
Egypt ['iːdʒɪpt]	*Egypte*
equal ['iːkwl]	*égal*
Ethiopia [ˌiːθɪ'əʊpɪə]	*Ethiopie*
even ['iːvn]	*même*
evil ['iːvl]	*le mal*
extreme [ɪks'triːm]	*extrême*
extremist [ɪks'triːmɪst]	*extrémiste*
frequent ['friːkwənt]	*fréquent*
genius ['dʒiːnɪəs]	*génie*
lethal ['liːθl]	*mortel*
media ['miːdɪə]	*médias (Pl)*
penal ['piːnl]	*pénal*
penalise ['piːnəlaɪz]	*pénaliser*
previous ['priːvɪəs]	*précédent, antérieur*
recent ['riːsnt]	*récent*
region ['riːdʒn]	*région*
secret ['siːkrɪt]	*secret*
senior ['siːnɪə]	*plus âgé, de grade supérieur*
theme [θiːm]	*thème*
appreciate [ə'priːʃɪeɪt]	*apprécier*
illegal [ɪ'liːgl]	*illégal, clandestin*
procedure [prə'siːdʒə]	*procédure*
supreme [sʊ'priːm]	*suprême*

Graphie ER dans une syllabe accentuée

▶ **[ɪə]**

Algeria [æl'dʒɪərɪə]	*Algérie*
coherent [kə'hɪərənt]	*cohérent*
experience [ɪks'pɪərɪəns]	*vivre (qqch), expérience*

PRONONCIATION

hero ['hɪərəʊ]	*héros*
material [mə'tɪərɪəl]	*matériel, matériau*
merely ['mɪəlɪ]	*simplement, seulement*
period ['pɪərɪəd]	*période*
serious ['sɪərɪəs]	*sérieux, grave*

▶ [ɑː]

clerk [klɑːk] *(GB)*	*employé*
Derby ['dɑːbɪ]	
sergeant ['sɑːdʒənt]	*sergent*

Graphie EA

▶ [e]

breath	*haleine*
cleanliness ['klenlɪnɪs]	*propreté*
cleanse	*purifier*
endeavour [ɪn'devə]	*tenter, tentative*
jealous	*jaloux*
lead	*le plomb*
meadow	*prairie*
meant	*prétérit de* mean
measure ['meʒə]	*mesurer, mesure*
peasant	*paysan*
read	*prétérit de* read
sweat	*transpirer*
treacherous ['tretʃərəs]	*(Adj) traître*
tread	*marcher*
treasure ['treʒə]	*chérir, trésor*
zealous	*zélé*

▶ [ɪə]

area ['ɛərɪə]	*domaine, région*
idea [aɪ'dɪə]	*idée*
Korea [kə'rɪə]	*Corée*
tear	*larme*

▶ [eɪ]

great	*grand*
Reagan	
steak	*bifteck*

▶ [ɛə]

bear	*supporter, ours*
tear	*déchirer*
wear	*porter (vêtement)*

▶ **Divers**

heart [hɑ:t]	*cœur*
Sean [ʃɔ:n]	
Minneapolis [mɪnɪ'æpəlɪs]	
react [rɪ'ækt]	*réagir*
reality [rɪ'ælɪtɪ]	*réalité*
Seattle [sɪ'ætl]	
create [kri:'eɪt]	*créer*
creation [kri:'eɪʃn]	*création*
European [jʊərə'pi:ən]	*européen*
ocean [əʊʃn]	*océan*
sergeant ['sɑ:dʒənt]	*sergent*
vengeance ['vendʒəns]	*vengeance*

Graphie EW

Se prononce **[əʊ]** dans :

sew [səʊ]	*coudre*

Graphie G + voyelle

▶ [g]

anger ['æŋgə]	*colère*
finger	*doigt*
gear	*équipement*
giddy ['gɪdɪ]	*pris de vertige*
gift	*cadeau*
Gilbert	
gimmick	*truc*
gynaecologist [gaɪnɪ'kɒlədʒɪst]	*gynécologue*
hamburger	*hamburger*
hunger ['hʌŋgə]	*faim*
meager	*maigre*
target ['tɑ:gɪt]	*cible*

▶ **[ŋ] dans les mots dérivés**

long [lɒŋ]	longer ['lɒŋə]
sing [sɪŋ]	singer ['sɪŋə]

▶ [dʒ]

gaol [dʒeɪl]	*prison*
margarine [mɑːdʒə'riːn]	*margarine*
age [eɪdʒ]	*âge*
allege [ə'ledʒ]	*prétendre*
budget	*budget*
gesture ['dʒestʃə]	*geste*
huge [hjuːdʒ]	*énorme*
merger	*fusion d'entreprises*
rage	*fureur*
tragedy	*tragédie*
engine ['endʒɪn]	*moteur*
digital	*numérique*
gist	*essentiel, point principal*
legislate	*légiférer*
logical	*logique*
region	*région*

▶ [ʒ]

garage ['gærɑːʒ]	*garage*
massage ['mæsɑːʒ]	*massage*
mirage ['mɪrɑːʒ]	*mirage*
regime [re'ʒiːm]	*régime politique*

Graphie GU

argue ['ɑːgjuː]	*se quereller*
distinguish [dɪs'tɪŋgwɪʃ]	*distinguer*
language ['læŋgwɪdʒ]	*langue, langage*
Nicaragua [nɪkə'rɑːgwə]	
sanguine ['sæŋgwɪn]	*optimiste*

Graphie GG

▶ [g]

luggage ['lʌgɪdʒ]	*bagages*
struggle	*lutte*

▶ **Exceptions**

exaggerate [ɪg'zædʒəreɪt]	*exagérer*
suggest [sə'dʒest]	*suggérer*

Graphie GH

▶ **Graphie muette**

freight [freɪt]	*fret*

Voir aussi Graphie GH *dans* Graphies muettes.

▶ [f]

draught [drɑ:ft]	*courant d'air*
laugh [lɑ:f]	*rire*
cough [kɒf]	*tousser*
trough [trɒf]	*auge, creux de la vague*
enough [ɪ'nʌf]	*assez*
rough [rʌf]	*rude*
slough [slʌf]	*mue de serpent*
tough [tʌf]	*coriace*

▶ **Divers**

Edinburgh ['edɪmbrə]
Pittsburgh ['pɪtsbɜ:g]

Graphie GN

▶ [n]

foreign ['fɒrɪn]	*étranger*

Voir aussi Graphie G *dans* Graphies muettes.

▶ [gn]

dignity	*dignité*
ignore	*ignorer volontairement*
indignant	*indigné*
magnificient	*magnifique*
magnify	*grossir, agrandir*
pregnant	*enceinte*
signal	*faire signe, signal*
significant	*important, considérable*

PRONONCIATION

Graphie I + consonne

▶ [ɪ]

privacy ['prɪvəsɪ]	*vie privée*
wilderness ['wɪldənɪs]	*région sauvage*

▶ [aɪ]

Alpine ['ælpaɪn]	*alpin*
benign [bɪ'naɪn]	*bienveillant, bénin*
crisis	*crise*
criterion [kraɪ'tɪərɪən]	*critère*
criteria [kraɪ'tɪərɪə]	*critères*
dinosaur	*dinosaure*
dioxide [daɪ'ɒksaɪd]	*bioxyde*
finally	*finalement*
finance [faɪ'næns]	*finance*
fragile ['frædʒaɪl]	*fragile*
guide	*guider, guide*
Iceland	*Islande*
idea [aɪ'dɪə]	*idée*
I.R.A ['aɪɑːr'eɪ] (Irish Republican Army)	
iron [aɪən]	*fer*
island ['aɪlənd]	*île*
Ivy League	
lion [laɪən]	*lion*
Michael ['maɪkl]	
migrant ['maɪgrənt]	*migrant*
minority [maɪ'nɒrɪtɪ]	*minorité*
Nigel ['naɪdʒl]	
Palestine ['pælɪstaɪn]	*Palestine*
pesticide ['pestɪsaɪd]	*pesticide*
pilot ['paɪlət]	*pilote*
polite [pə'laɪt]	*poli*
precise [prɪ'saɪs]	*précis*
private ['praɪvɪt]	*privé*
quite [kwaɪt]	*tout à fait*
reconcile ['rekənsaɪl]	*concilier, réconcilier*
rival [raɪvl]	*rivaliser avec, rival*
Siberia [saɪ'bɪərɪə]	*Sibérie*
Simon ['saɪmən]	
suicide ['sjʊɪsaɪd]	*suicide, suicidé*
title [taɪtl]	*titre*

vital [vaɪtl]	*vital*
wild [waɪld]	*sauvage*

▶ [iː]

elite [ɪ'liːt]	*élite*
expertise [ekspə'tiːz]	*compétence, savoir-faire*
gasoline *(US)* ['gæsəliːn]	*essence*
machine [mə'ʃiːn]	*machine*
magazine [mægə'ziːn]	*revue*
police [pə'liːs]	*faire régner l'ordre dans, police*
regime [re'ʒiːm]	*régime politique*
submarine [sʌbmə'riːn]	*sous-marin*
visa ['viːzə]	*visa*

▶ **Cas de la graphie IR**

affirm [ə'fɜːm]	*affirmer solennement*
fir [fɜː]	*sapin*
firm [fɜːm]	*déterminé, firme*
Virginia	
virtue	*vertu*
desire [dɪ'zaɪə]	*désirer*
desirable [dɪ'zaɪərəbl]	*souhaitable*
Ireland ['aɪələnd]	
irony ['aɪərənɪ]	*ironie*
virus ['vaɪərəs]	*virus*
Iran [ɪ'rɑːn]	*Iran*
Iraq [ɪ'rɑːk]	*Irak*

▶ **Les paires à ne pas confondre**

[aɪ]		[ɪ]	
advertise	*faire de la pub*	advertisement	*(une) publicité*
child	*enfant*	children	*enfants*
compromise	*compromis*	promise	*promettre, promesse*
crime	*crime, criminalité*	criminal	*criminel, délinquant*
cycle	*cycle*	cyclical	*cyclique*
decide	*décider*	decision	*décision*
define	*définir*	definite ['defɪnɪt]	*certain, précis*
drive	*conduire*	driven	*(participe passé)*
live	*en direct*	live	*vivre*
alive	*vivant*		

migrant	*migrant*	immigrant	*immigré*
mine	*mine, le mien*	determine	*fixer*
minute [maɪ'nju:t]	*infime, détaillé*	minute ['mɪnɪt]	*minute*
private	*privé*	privacy	*vie privée*
sign	*signe*	signal	*faire signe, signal*
unite	*unir*	unity	*unité*
vice	*vice, étau*	service	*service*
wind	*enrouler*	wind	*vent*
write	*écrire*	written	*participe passé de* write

Graphie IA

▶ **[ə] ou Ø**

parliament ['pɑ:ləmənt] *parlement*

commercial [kə'mɜ:ʃl] *commercial*
influential [ɪnflʊ'enʃl] *influent*
official [ə'fɪʃl] *officiel*
partial [pɑ:ʃl] *partial, partiel*
potential [pə'tenʃl] *potentiel*
racial [reɪʃl] *racial*
social [səʊʃl] *social*

Asian [eɪʃn] *(GB)*, [eɪʒn] *(US)* *asiatique*
physician [fɪ'zɪʃn] *médecin*
politician [pəʊlɪ'tɪʃn] *homme politique*

▶ **[ɪə]**

Ian [ɪən]
imperial [ɪm'pɪərɪəl] *impérial*
industrial [ɪn'dʌstrɪəl] *industriel*
material [mə'tɪərɪəl] *matériel, matériau*
trivial ['trɪvɪəl] *banal*

▶ **[ɪeɪ]**

appreciate [ə'pri:ʃɪeɪt] *apprécier*
initiate [ɪ'nɪʃɪeɪt] *initier, entreprendre*
negotiate [nɪ'gəʊʃɪeɪt] *négocier*
retaliate [rɪ'tælɪeɪt] *exercer des représailles*

▶ [aɪə]

alliance [ə'laɪəns]	*alliance*
bias [baɪəs]	*orientation, préjugé*
diabetes [daɪə'bi:tɪs]	*diabète*
liar [laɪə]	*menteur*
via [vaɪə]	*via*

▶ [ɪæ]

maniac ['meɪnɪæk]	*fou*
nymphomaniac	*nymphomane*

▶ [aɪ'æ]

Diana [daɪ'ænə]

▶ [ɪ]

carriage ['kærɪdʒ]	*wagon*
marriage ['mærɪdʒ]	*mariage*

Graphie I en finale

▶ [ɪ]

anti- *(GB)*	
broccoli	
Corpus Christi	
Haiti	
Iraqi [ɪ'rɑ:kɪ]	
Machiavelli	*Machiavel*
Miami [maɪ'æmɪ]	
Nairobi	
Swahili	
tsunami	*raz-de-marée*

▶ [aɪ]

anti- *(US)*	
alibi ['ælɪbaɪ]	
anno Domini	*après Jésus-Christ*
Gemini ['dʒemɪnaɪ]	*Gémeaux*
Levi ['li:vaɪ]	
rabbi ['ræbaɪ]	*rabin*

Graphie MM

Pas de redoublement de la consonne à l'oral :

immediate [ɪ'mi:djət]	*immédiat*

immense [ɪ'mens]	*immense*
immigrant ['ɪmɪgrənt]	*immigré*

Graphie OA

Se prononce [ɔː] dans :

abroad [ə'brɔːd]	*à l'étranger*
broad	*large*
soar	*prendre son essor*

Graphie OE

does [dʌz]	
Phoenix ['fiːnɪks]	
poet [pəʊet]	*poète*
canoe [kə'nuː]	*canoë*
shoe [ʃuː]	*chaussure*

Graphie OO

▶ [uː]

boost [buːst]	*appliquer une poussée*
choose	*choisir*
doom	*condamner*
food	*nourriture*
fool	*idiot*
gloom	*morosité*
Hoover	
school	*école*

▶ [ʊ]

took	*prétérit de* take
foot	*pied*
good	*bien, bon*
hood	*capuchon*
neighbourhood	*voisinage*

▶ [ʌ]

blood [blʌd]	*sang*
flood	*inondation*

▶ **Divers**

cooperate [kəʊ'ɒpəreɪt]	*coopérer*
floor [flɔː]	*plancher*
Roosevelt ['rəʊzəvelt]	

<u>Graphie OU</u>

▶ [ə] **en finale inaccentuée**

Bournemouth ['bɔːnməθ]
Plymouth ['plɪməθ]
Voir aussi Les finales -OUR et -OUS *dans* Autres finales remarquables.

▶ [aʊ]

announce	*annoncer*
county	*comté*
south	*sud*
thousand	*mille*

▶ [ɔː]

brought [brɔːt]	*prétérit de* bring
course	*cap, ligne suivie*
four	*quatre*
pour	*(se) déverser*
resource	*ressource*
your	
you're	

▶ [uː]

group [gruːp]	*groupe*
route	*itinéraire*
through	*au travers de*
tourist	*touriste*
you	
youth	*jeunesse*

▶ [ʌ]

country ['kʌntrɪ]	*pays, campagne*
couple	*couple*
courage	*courage*
double	*doubler, double*
Douglas	
enough	*assez*
flourish	*prospérer*
southern	*du sud*
tough	*dur, rude*
trouble	*ennuis*
young	*jeune (Adj)*

▶ [əʊ]

although ['ɔːlðəʊ]	*bien que*
poultry	*volaille*
shoulder	*épaule*

▶ [ɜː]

journal ['dʒɜːnl]	*revue*
journey ['dʒɜːnɪ]	*voyage*
scourge [skɜːdʒ]	*fléau*

<u>Graphie OW</u>

▶ [aʊ]

allow [ə'laʊ]	*permettre*
brown	*brun*
crowd	*foule*
drown	*se noyer*
Howard	
towel	*serviette de toilette*
tower	*tour*

▶ **Cas remarquables d'homographes**

bow [bəʊ] *arc, nœud*	bow [baʊ] *courbette, étrave*
row [rəʊ] *ramer, rangée*	row [raʊ] *dispute*
sow [səʊ] *semer*	sow [saʊ] *truie*

▶ **Divers**

knowledge ['nɒlɪdʒ]	*connaissance*
toward [tɔːd] *(US)*	*en direction de*
towards [tʊ'wɔːdz] *(GB)*	*en direction de*

<u>Graphie PH</u>

Se prononce [f] sauf dans :

nephew ['nevjuː]	*neveu*
Stephen ['stiːvn]	
haphazard ['hæp'hæzəd]	*au hasard*
loophole ['luːphəʊl]	*meurtrière, échappatoire*
shepherd ['ʃepəd]	*berger*

Graphie S

▶ Prononciation inattendue pour un francophone

asylum [ə'saɪləm]	*asile*
base [beɪs]	*base, baser*
case [keɪs]	*cas, caisse*
comparison [kəm'pærɪsn]	*comparaison*
crisis ['kraɪsɪs]	*crise*
crusade [kruː'seɪd]	*croisade*
disappear [ˌdɪsə'pɪə]	*disparaître*
disobey [ˌdɪsə'beɪ]	*désobéir à*
gasoline *(US)* ['gæsəliːn]	*essence*
goose [guːs], geese [giːs]	*oie(s)*
hypothesis [haɪ'pɒθɪsɪs]	*hypothèse*
isolate ['aɪsəleɪt]	*isoler*
Jerusalem [dʒə'ruːsələm]	
misuse ['mɪs'juːs]	*mauvaise utilisation*
nuisance ['njuːsəns]	*ennui, fléau*
precisely [prɪ'saɪslɪ]	*précisément*
purchase ['pɜːtʃɪs]	*acheter*
release [rɪ'liːs]	*relâcher*
sesame ['sesəmɪ]	*sésame*
subsidize ['sʌbsɪdaɪz]	*subventionner*
subsist [sʌb'sɪst]	*subsister*
thesis ['θiːsɪs]	*thèse*

communism ['kɒmjʊnɪzəm] *(comme tous les mots en* <ism>*)*

cosmos ['kɒzmɒs]	*cosmos*
Disney ['dɪznɪ]	
lens [lenz]	*lentille, objectif*
Mars [mɑːz]	
observe [əb'zɜːv]	*constater*

Achilles [ə'kɪliːz]	*Achille*
the Andes [ðɪ'ændiːz]	*les Andes*
Archimedes [ˌɑːkɪ'miːdiːz]	*Archimède*
diabetes [ˌdaɪə'biːtiːz]	*diabète*
the Ganges [ðə'gændʒiːz]	*le Gange*
the Hebrides [ðə'hebrɪdiːz]	*les Hébrides*
Hercules ['hɜːrkjʊliːz]	*Hercule*
Hermes ['hɜːmiːz]	*Hermès*
Los Angeles [ˌlɒs'ændʒɪliːz]	*Los Angeles*

Mephistopheles [ˌmefɪs'tɒfɪliːz]	*Méphistophélès*
Socrates ['sɒkrətiːz]	*Socrate*
Asia ['eɪʃə] *(GB)*, ['eɪʒə] *(US)*	*Asie*
closure ['kləʊʒə]	*fermeture*
leisure ['leʒə] *(GB)*, ['liːʒə] *(US)*	*loisirs*
measure ['meʒə]	*mesurer, mesure*
treasure ['treʒə]	*chérir, trésor*
Sean [ʃɔːn]	*(prénom irlandais)*
sugar ['ʃʊgə]	*sucre*

▶ Pluriel des noms se terminant par -S

bias [baɪəs]	*préjugé*	biases ['baɪəsɪz]
campus ['kæmpəs]	*campus*	campuses ['kæmpəsɪz]
fetus ['fiːtəs]	*fœtus*	fetuses ['fiːtəsɪz]
focus ['fəʊkəs]	*point de mire*	focuses ['fəʊkəsɪz]
axis ['æksɪs]	*axe*	axes ['æksiːz]
crisis ['kraɪsɪs]	*crise*	crises ['kraɪsiːz]
hypothesis [haɪ'pɒθɪsɪs]	*hypothèse*	hypotheses [haɪ'pɒθɪsiːz]

Cas particulier :

house [haʊs]	*maison*	houses ['haʊzɪz]

▶ Le cas possessif après -S

Charles's ['tʃɑːlzɪz]	wife
Kate Moss's ['keit'mɒsɪz]	job
Mr Jones's ['mɪstə'dʒəʊnzɪz]	car

▶ Cas de certains homographes

Verbe	**Nom**
abuse [ə'bjuːz] *abuser de*	abuse [ə'bjuːs]
refuse [rɪ'fjuːz] *refuser*	refuse ['refjuːs] *détritus*
use [juːz] *utiliser*	use [juːs]

Autre risque de confusion :

close [kləʊz] *fermer*	close [kləʊs] *proche*

Graphie SS

Se prononce **[z]** dans :

dessert [dɪ'zɜːt]	*dessert*
dissolve	*dissoudre*

Missouri
possess [pə'zes] *posséder*
scissors *ciseaux*
unprepossessing ['ʌnpri:pə'zesɪŋ] *peu avenant*

Graphie TH

Se prononce **[t]** dans :

Anthony ['æntənɪ]
Esther ['estə]
Thai [taɪ], Thailand
Thames [temz] *Tamise*
Thomas ['tɒməs]
Thomson, Thompson ['tɒmsn]

Graphie UR

▶ [ɜ:]

occur *se produire*
urban *urbain*
urge *pousser, inciter*

▶ [jʊə]

jury *jury*
mature *mûr, mûrir*
pure *pur*
secure *en sécurité, fixer*

▶ [ə]

Arthur ['ɑ:θə]
figure *chiffre, figure*
Voir aussi Finale -URE *dans* Autres finales remarquables.

▶ **Divers**

bury ['berɪ] *enterrer*
current ['kʌrənt] *actuel*
failure ['feɪljə] *échec*
rural ['rʊərəl] *rural*

Graphie X

X-ray ['eks'reɪ] *radiographier, rayon X*
execute [ks] *exécuter*
exercise *(s')exercer, exercice*

exile	*exil, exilé*
exit	*sortie*
exodus ['eksədəs]	*exode*
quixotic	*chevaleresque*
anxious [kʃ]	*anxieux, désireux*
luxury	*luxe*
sexual	*sexuel*
anxiety [gz]	*anxiété*
xenophobia [zenə'fəʊbɪə]	*xénophobie*
Xenophon	
Xerox ['zɪərɒks]	
xylophone	*xylophone*

<u>Graphies Z et ZZ</u>

Se prononcent presque toujours [z], sauf :

Mozart ['məʊtsɑːt]	
Nazi ['nɑːtsɪ]	
schizophrenic [ˌskɪtsəʊ'frenɪk]	*schizophrène*
pizza ['piːtsə]	*pizza*

II. La place de l'accent : quelques repères

1. Dans les verbes

▶ Verbes commençant par A-

Ils sont presque tous accentués sur la deuxième syllabe :

a'bolish	*abolir*	ack'nowledge	*reconnaître, admettre*
a'buse	*abuser de*	a'dapt	*(s')adapter*
ac'cept	*accepter, admettre*	a'ddress	*s'adresser à*
a'ccommodate	*loger*	a'djust	*(s')adapter, régler*
a'ccount for	*expliquer, représenter*	ad'mit	*admettre*
a'chieve	*réussir*	a'dopt	*adopter*

ad'vise	*conseiller*	a'ppreciate	*apprécier*
a'ffirm	*affirmer solennellement*	a'pproach	*s'approcher de*
a'fford	*procurer*	a'pprove of	*approuver*
a'gree	*être d'accord*	a'rrange	*arranger, organiser*
a'llege	*prétendre (sans preuves)*	a'rrive	*arriver*
a'llow	*permettre*	a'ssault	*agresser*
a'lly	*allier*	a'ssemble	*assembler*
a'mount to	*équivaloir à*	a'ssess	*évaluer*
a'nnoy	*contrarier, vexer*	a'ssist	*aider*
a'pologize	*s'excuser*	a'ssociate	*associer*
a'ppeal to	*plaire à*	a'ssume	*supposer*
a'ppear	*apparaître*	a'ttend	*assister à*
a'pply	*appliquer*	a'ttract	*attirer*
a'ppoint	*nommer*	a'vert	*éviter*
		a'void	*éviter*

Exceptions

'alter	*modifier*
'answer	*répondre*
'argue	*se disputer*
'advertise	*faire de la publicité pour*
'advocate	*prôner*
'alienate	*se mettre à dos*

▶ Verbes commençant par BE-

Ils sont peu nombreux et presque tous accentués sur la deuxième syllabe :

be'gin	*commencer*	be'long to	*appartenir à*
be'have	*se comporter*	be'tray	*trahir*
be'lieve	*croire*		

Exception

'benefit *bénéficier / profiter à*

▶ Verbes commençant par CO-

La plupart d'entre eux sont accentués sur la deuxième syllabe :

co'llaborate	*collaborer*	co'llect	*rassembler*
co'llapse	*s'effondrer*	co'llide	*entrer en collision*

coˈmmand	*commander*	conˈserve	*préserver*
coˈmmit	*commit*	conˈsider	*considérer*
comˈpete	*rivaliser*	conˈsist	*consister*
comˈplain	*se plaindre*	conˈsume	*consommer*
comˈplete	*terminer*	conˈtend	*affirmer*
comˈpute	*calculer*	conˈtest	*disputer (une élection)*
conˈceal	*dissimuler*		
conˈcern	*concerner*	conˈtinue	*continuer*
conˈclude	*conclure*	conˈtribute	*contribuer*
conˈcur	*coïncider*	conˈtrol	*maîtriser*
conˈduct	*diriger*	conˈvict	*reconnaître coupable*
conˈgratulate	*féliciter*		
coˈnnect	*joindre*	conˈvince	*convaincre*

Exceptions

ˈcomfort [ʌ]	*consoler*
ˈconjure	*faire surgir (par magie)*
ˈcomment on [ɒ]	*commenter*
ˈconstitute	*constituer*
ˈcontemplate	*envisager*
ˈcopy	*copier*
ˌcontraˈdict	*contredire*

▶ Verbes commençant par D-

Ils sont presque tous accentués sur la deuxième syllabe :

deˈbate [dɪ]	*débattre*	deˈmand	*exiger*
deˈbunk	*démystifier, démythifier*	deˈpend on	*dépendre de*
		deˈplete	*épuiser (des ressources)*
deˈcay	*pourrir*		
deˈceive	*tromper*	deˈprive of	*priver de*
deˈcide	*décider*	deˈride	*tourner en ridicule*
deˈfault	*manquer à ses engagements*		
		deˈserve	*mériter*
deˈfend	*défendre*	deˈsign	*concevoir*
deˈfine	*définir*	desˈpair	*désespérer*
deˈlay	*retarder*	deˈter	*dissuader*
deˈlete	*effacer*	deˈtermine	*déterminer*
deˈliver	*livrer*	deˈvelop	*développer*
deˈlude	*tromper*	deˈvise	*élaborer*

de'vote	*consacrer*	dis'pute	*contester*
dic'tate	*dicter*	dis'rupt	*perturber*
di'rect	*diriger*	dis'tract	*distraire (qqun de son travail)*
dis'card	*mettre au rebut*		
dis'close	*révéler*		
dis'cover	*découvrir*	dis'tribute	*répartir*
dis'cuss	*parler de*	dis'turb	*déranger*
dis'like	*ne pas aimer*	di'vide	*diviser*
dis'miss	*renvoyer*	di'vorce	*divorcer de*
dis'pose of	*se débarrasser de*	di'vert [daɪ]	*détourner*

Exceptions

'damage	*endommager*
'demonstrate	*manifester*
'differ	*ne pas être d'accord*
'discon'tinue	*interrompre*

▶ Verbes commençant par E-

Ils sont presque tous accentués sur la deuxième syllabe :

e'laborate on	*développer (une idée)*	es'tablish	*établir*
		e'vade	*échapper à*
e'merge	*surgir*	e'xcel	*exceller*
em'ploy	*employer*	ex'clude	*exclure*
e'nable	*permettre (à qqun de faire qqch)*	e'xist	*exister*
		ex'pand	*(se) développer*
		ex'pect	*s'attendre à*
e'nact	*promulguer*	ex'perience	*vivre (qqch)*
en'dure	*durer, endurer*	ex'periment with	*expérimenter*
en'gage	*engager*	ex'ploit	*exploiter*
en'gross	*absorber (l'attention)*	ex'pose	*révéler*
		ex'tend	*(s')étendre*
en'joy	*apprécier*	ex'tenuate	*atténuer*
es'cape	*s'échapper*		

Exceptions

'edit	*monter (un film), diriger (une revue)*
'educate	*instruire*
'enter	*entrer dans*
'envy	*envier*

▶ Verbes commençant par F-

Ils sont très peu nombreux et presque tous accentués sur la première syllabe :

ˈfancy	*imaginer*	ˈfocus	*(se) focaliser*
ˈfigure	*calculer, estimer*	ˈfurnish	*meubler*

Exception

frusˈtrate	*faire échouer, frustrer*

▶ Verbes commençant par I-

Ils sont presque tous accentués sur la deuxième syllabe :

iˈdentify	*identifier*	iˈnitiate	*promouvoir, lancer*
igˈnore	*ignorer (qqun)*		
imˈpeach	*destituer*	inˈquire	*s'informer*
inˈcrease	*augmenter*	inˈsist	*insister*
inˈduce	*produire (réaction)*	insˈtruct	*instruire*
		inˈtend	*avoir l'intention*
inˈdulge	*gâter (qqun)*	inˈterpret	*interpréter*
inˈflate	*gonfler*	inˈtoxicate	*enivrer*
inˈflict	*infliger*	inˈtrude	*être importun*
inˈfringe	*enfreindre*	inˈvade	*envahir*
inˈfuriate	*rendre furieux*	inˈvert	*inverser*
inˈhabit	*habiter*	inˈvestigate	*enquêter sur*
inˈherit	*hériter de*	inˈvolve	*impliquer*

Exceptions

ˈinfluence	*influencer*
ˈinjure	*blesser*
ˈinterest	*intéresser*
ˈissue	*publier*
ˌintroˈduce	*présenter (qqun)*

▶ Verbes commençant par L-

Ils sont très peu nombreux et presque tous accentués sur la première syllabe :

ˈlabel [leɪbl]	*étiqueter*	ˈlicense [aɪ]	*donner une licence à*
ˈlecture	*sermonner*	ˈlobby	*faire pression sur*

Exceptions

laˈment	*se lamenter sur*
loˈcate	*localiser*

▶ Verbes commençant par M-

Si l'on excepte les verbes à préfixe MIS- (voir ci-dessous), ils sont peu nombreux.

Accent sur la première syllabe :

'measure	*mesurer*
'manage	*se débrouiller*
'mushroom	*proliférer*
'mesmerize	*hypnotiser*
'multiply	*(se) multiplier*
'monitor	*surveiller*

Accent sur la deuxième syllabe :

main'tain	*maintenir*
ma'nipulate	*manipuler*
ma'ture	*mûrir*

▶ Verbes commençant par N-

Ils sont très peu nombreux.

Accent sur la première syllabe :

'notice	*remarquer*
'nurture	*éduquer*

Accent sur la deuxième syllabe :

ne'glect	*négliger*
ne'gotiate	*négocier*

▶ Verbes commençant par O-

Si l'on excepte les verbes à préfixe OVER- (voir ci-dessous), ils sont le plus souvent accentués sur la deuxième syllabe :

o'bey	*obéir à*	out'do	*l'emporter sur*
ob'ject to	*trouver à redire à*	out'grow	*devenir trop grand pour (vêtement)*
ob'serve	*constater*		
ob'struct	*obstruer*		
ob'tain	*obtenir*	out'number	*surpasser en nombre*
o'ffend	*offenser*		
off'set	*compenser*	out'weigh	*l'emporter sur, compenser*
o'mit	*omettre*		
o'ppose	*s'opposer à*	out'wit	*se montrer plus malin que*
o'ppress	*opprimer*		
o'riginate from	*provenir de*		

Exceptions

'occupy	*occuper*
'offer	*offrir*
'open	*ouvrir*
'operate	*opérer, fonctionner*
'organize	*organiser*

▶ **Verbes commençant par P-**

La plupart d'entre eux sont accentués sur la deuxième syllabe :

par'ticipate in	*participer à*
pa'trol	*patrouiller dans*
per'ceive	*percevoir*
per'fect	*parfaire*
per'form	*exécuter, accomplir*
per'mit	*permettre*
per'plex	*embrouiller*
per'sonify	*personnifier*
per'suade	*persuader*
per'vade	*se répandre dans*
po'llute	*polluer*
po'sition	*placer*
po'ssess	*posséder*
pre'fer	*préférer*
pre'pare	*préparer*
pres'cribe	*prescrire*
pre'sent	*présenter*
pre'serve	*conserver*
pre'sume	*présumer*
pre'tend	*faire semblant*
pre'vail	*prédominer*
pre'vent	*empêcher*
pro'ceed	*aller, avancer*
pro'claim	*proclamer*
pro'crastinate	*faire traîner les choses*
pro'duce	*produire*
pro'gress	*progresser*
pro'mote	*promouvoir*
pro'nounce	*prononcer*
pro'pose	*proposer*
pros'pect	*prospecter*
pro'tect	*protéger*
pro'test	*protester*
pro'vide	*fournir*
pur'sue	*poursuivre*

Exceptions

'panic	*s'affoler*
'practise	*s'entraîner à*
'process	*traiter*
'profit	*profiter à*
'prosecute	*poursuivre en justice*
'prosper	*prospérer*
'publicize	*rendre public*
'publish	*publier*
'purchase	*acheter*
pio'neer	*être à l'avant-garde de*

▶ Verbes commençant par RE-

La plupart d'entre eux sont accentués sur la deuxième syllabe :

re'bel	*se rebeller*
re'claim	*reconquérir, défricher*
re'cord	*enregistrer*
re'cover	*retrouver*
re'cycle	*recycler*
re'deem	*racheter (une faute)*
re'duce	*réduire*
re'fer to	*faire allusion à*
re'flect	*refléter*
re'frain from	*s'abstenir de*
re'fresh	*redonner des forces à*
re'fuse	*refuser*
re'gard	*considérer*
re'hearse	*répéter (Théâtre)*
re'ject	*rejeter*
re'late	*raconter*
re'lax	*se détendre*
re'lease	*libérer*
re'lieve	*soulager*
re'linquish	*abandonner*
re'ly on	*compter sur*
re'main	*rester*
re'mark	*faire remarquer*
re'member	*se souvenir de*
re'mind	*rappeler*
re'move	*ôter*
re'new	*renouveler*
re'nounce	*renoncer à*
re'pair	*réparer*
re'pay	*rembourser*
re'peal	*abroger*
re'peat	*répéter*
re'pel	*repousser*
re'place	*remplacer*
re'ply	*répondre*
re'port	*rendre compte de*
re'press	*réprimer*
re'proach	*faire des reproches à*
re'quest	*demander*
re'quire	*nécessiter*
re'search	*faire des recherches pour (un article)*
re'semble	*ressembler à*
re'sent	*en vouloir à*
re'serve	*réserver*
re'sign	*démissionner*
re'sist	*résister à*
re'solve	*résoudre*
re'sort to	*recourir à*
res'pect	*respecter*
res'pond	*réagir*
res'tore	*restituer*
res'trict	*restreindre*
re'sult from	*résulter de*
re'sume	*reprendre (une activité)*
re'tain	*conserver*
re'taliate	*exercer des représailles*
re'tire	*prendre sa retraite*
re'train	*(se) recycler*
re'treat	*battre en retraite*
re'trieve	*récupérer*
re'turn	*rendre*
re'veal	*révéler*
re'venge	*venger*
re'verse	*renverser, inverser*
re'vert to	*revenir à*
re'view	*examiner*
re'vise	*réviser*
re'vive	*ranimer*
re'volt	*se révolter*
re'volve	*tourner*
re'ward	*récompenser*

Exceptions

'realize	*prendre conscience de*	'reconcile	*concilier*
'reckon	*estimer, calculer*	'register	*enregistrer*
'recognize	*reconnaître*	'relish	*se délecter de*

▶ Verbes commençant par SU-

La plupart d'entre eux sont accentués sur la deuxième syllabe :

sub'ject	*soumettre*	su'pply	*fournir*
sub'merge	*submerger*	su'pport	*soutenir*
sub'mit	*soumettre*	su'ppose	*supposer*
sub'scribe to	*s'abonner à*	su'ppress	*réprimer*
sub'side	*s'affaisser*	sur'mise	*conjecturer*
sub'sist	*subsister*	sur'pass	*surpasser*
sub'stantiate	*justifier*	sur'prise	*surprendre*
su'burbanize	*transformer en banlieue*	su'rrender	*se rendre*
		su'rround	*entourer*
suc'ceed	*réussir*	sur'vive	*survivre*
su'ggest	*suggérer*		

Exceptions

'subsidize [ʌ]	*subventionner*	'summon	*convoquer*
'substitute	*substituer*	'supervise [u:]	*surveiller*
'suffer	*souffrir*	'surface [ɜ:]	*faire surface*
'suffocate	*suffoquer*	'survey	*faire une étude sur*
'summarize	*résumer*		

▶ Verbes commençant par T-

La plupart d'entre eux sont accentués sur la première syllabe :

'tamper with	*falsifier*	'threaten	*menacer*
'tantalize	*mettre au supplice*	'tolerate	*tolérer*
'target	*prendre pour cible*	'torture	*torturer*
'tarnish	*ternir*	'travel	*voyager*
'telephone	*téléphoner à*	'trespass	*s'introduire sans permission*
'temporize	*chercher à gagner du temps*	'typify	*être caractéristique de*
'testify	*témoigner (sous serment)*	'tyrannize	*tyranniser*
'theorize	*élaborer une théorie*		

Exceptions

ta'ttoo	*tatouer*	trans'fer	*transférer*
tor'pedo	*torpiller*	trans'late	*traduire*
tra'duce	*calomnier*		

▶ **Cas de certains verbes à préfixe**

Les verbes en MIS- et UN- ont deux accents principaux. Exemples :

'mis'calculate	*mal calculer*	'un'dress	*(se) déshabiller*
'mis'fire	*faire long feu, rater*	'un'earth	*exhumer*
		'un'fold	*dérouler*
'mis'judge	*mal juger*	'un'leash	*déchaîner*
'mis'lay	*égarer (qqch)*	'un'load	*décharger*
'mis'lead	*induire en erreur*	'un'nerve	*démoraliser*

Les verbes en OVER- et UNDER- ont un accent secondaire à l'initiale :

ˌover'come	*surmonter*	ˌunder'go	*subir (qqch)*
ˌover'do	*exagérer*	ˌunder'line	*souligner*
ˌover'estimate	*surestimer*	ˌunder'mine	*miner, saper*

2. Lors des conversions

La conversion est le passage d'un mot d'une catégorie grammaticale à une autre, sans adjonction de préfixe ni de suffixe. Ainsi, le mot *answer* sera tantôt verbe, tantôt nom.

L'accent ne se déplace pas

C'est la règle générale, que le mot soit accentué sur la première ou sur la deuxième syllabe.
En voici quelques exemples :

Verbe	Nom
answer ['ɑːnsə] *répondre*	answer ['ɑːnsə] *réponse*
benefit ['benɪfɪt] *bénéficier à*	benefit ['benɪfɪt] *avantage*
influence ['ɪnflʊəns] *influencer*	influence ['ɪnflʊəns] *influence*
process ['prəʊses] *traiter*	process ['prəʊses] *processus, procédé*
address [ə'dres] *adresser*	address [ə'dres] *adresse*
delay [dɪ'leɪ] *retarder*	delay [dɪ'leɪ] *retard*
regard [rɪ'gɑːd] *considérer*	regard [rɪ'gɑːd] *considération*

L'accent se déplace

Ce sont les exceptions à connaître. Voici les principaux exemples :

Verbe	**Nom**
ally [ə'laɪ] *allier*	ally ['ælaɪ] *allié*
conduct [kən'dʌkt] *diriger*	conduct ['kɒndəkt] *conduite*
conflict [kən'flɪkt] *être en conflit*	conflict ['kɒnflɪkt] *conflit*
contest [kən'test] *disputer*	contest ['kɒntɪst] *combat, concours*
contrast [kən'trɑːst] *contraster*	contrast ['kɒntrɑːst] *contraste*
convict [kən'vɪkt] *reconnaître coupable*	convict ['kɒnvɪkt] *forçat*
discount [dɪs'kaʊnt] *faire une remise de*	discount ['dɪskaʊnt] *remise*
increase [ɪn'kriːs] *augmenter*	increase ['ɪnkriːs] *augmentation*
object [əb'dʒekt] *objecter*	object ['ɒbdʒɪkt] *objet*
overhaul [əʊvə'hɔːl] *réviser*	overhaul ['əʊvəhɔːl] *révision (moteur)*
perfect [pə'fekt] *parfaire*	perfect ['pɜːfɪkt] *(Adj) parfait*
permit [pə'mɪt] *permettre*	permit ['pɜːmɪt] *permis*
present [prɪ'zent] *offrir*	present ['preznt] *cadeau*
progress [prə'gres] *progresser*	progress ['prəʊgres] *progrès*
prospect [prəs'pekt] *prospecter*	prospect ['prɒspekt] *perspective*
protest [prə'test] *protester*	protest ['prəʊtest] *protestation*
rebel [rɪ'bel] *se rebeller*	rebel ['rebl] *rebelle*
record [rɪ'kɔːd] *enregistrer*	record ['rekɔːd] *disque, archives*
refuse [rɪ'fjuːz] *refuser*	refuse ['refjuːs] *déchets*
subject [səb'dʒekt] *soumettre*	subject ['sʌbdʒɪkt] *sujet*
suspect [səs'pekt] *soupçonner*	suspect ['sʌspekt] *suspect*
transfer [trænz'fɜː] *transférer*	transfer ['trænzfɜː] *transfert*

Index

MAJOR

Albertin Gérard et divers auteurs – L'amitié : dissertations
Albertini Jean-Marie – Le chômage est-il une fatalité ?
Allmang Cédrick – Petites leçons de géographie
Ammirati Charles et divers auteurs – Littérature française, manuel de poche
Baron-Giracca Sylvia – Les métiers de l'environnement
Bedel Jean-Marc – Grammaire espagnole moderne (2e éd. refondue)
Bergeron Claudine et divers auteurs – L'héroïsme : dissertations
Bergeron Claudine, Borrut Michel, Kerbrat Marie-Claire, Santerre Jean-Paul – Savoir et ignorer, dissertations
Bonnefous Alexis – Les métiers du dessin
Brunel Sylvie – Le Sud dans la nouvelle économie mondiale
Caquet Emmanuel – Leçon littéraire sur *Médée* de Sénèque
Caquet Emmanuel, De Bailleux Diane – Leçon littéraire sur le temps
Carel Nicolas – Exercices de version anglaise
Carré Frédéric, Seguin André de – Mexique, Golfe et Caraïbes
Castellani Jean-Pierre, Urabayen Miguel – Décrypter la presse écrite espagnole
Chancel Claude, Drancourt Michel, Louat André, Marseille Jacques, Pielberg Éric-Charles – L'entreprise dans la nouvelle économie mondiale
Chancel Claude, Pielberg Éric-Charles – Le monde chinois dans le nouvel espace mondial
Chantepie Philippe, Gautier Louis, Piot Olivier, Plihon Dominique – La nouvelle politique économique. L'État face à la mondialisation
Chauvin Andrée – Leçon littéraire sur *W ou le souvenir d'enfance* de Georges Perec
Chibaudel Pierre – Les mathématiques sur Casio
Clément Jean-Pierre – España, ahora
Cobast Éric – Anthologie de culture générale
Cobast Éric – La revue de culture générale. L'année Major 1999/2000
Cobast Éric – Leçons particulières de culture générale (5e éd.)
Cobast Éric – Petites leçons de culture générale (5e éd.)

COBAST Éric – *Les Dieux antiques* de Stéphane Mallarmé
COMBE Emmanuel – Précis d'économie (6e éd. mise à jour)
COMBROUZE Alain – Probabilités et statistiques
COMBROUZE Alain – Probabilités, 1
COMBROUZE Alain – Probabilités et statistiques, 2, voie scientifique
COMBROUZE Alain, DEDE Alexandre – Analyse. Algèbre
COMBROUZE Alain, DEDE Alexandre – Analyse. Algèbre, Prépa HEC, 2e année, voie économique
COMBROUZE Alain, DEDE Alexandre – Probabilités et statistiques, 1, voie économique
COMBROUZE Alain, DEDE Alexandre – Probabilités et statistiques, 2, voie économique
COMBROUZE Alain, TRAN VAN HIEP – Mathématiques. Analyse et programmation
COMTE Maurice, GADEN Joël – Statistiques et probabilités pour les sciences économiques et sociales
DANIEL Gérard – L'anglais, du bac aux grandes écoles
DAUBE Jean-Michel – Verbes anglais : savoir et savoir-faire
DAVID François – Les échanges commerciaux dans la nouvelle économie mondiale
DEBOVE Frédéric, FALETTI François – Droit pénal et procédure pénale
DEDE Alexandre – Exercices de mathématiques (Prépa HEC)
DÉFOSSÉ Jacques – Principes et méthodes du commentaire de cartes aux concours (2e éd. corrigée)
DESCHANEL Jean-Pierre, GIZARD Bruno – À la découverte du monde de la Bourse. Manuel d'économie boursière
DIOT Marie-Renée, DIOT Jean-Robert – Deutschland, was nun ? (5e éd.)
DRANCOURT Michel – Leçon d'histoire sur l'entreprise, de l'Antiquité à nos jours
DREVET Jean-François – La nouvelle identité de l'Europe
DROUIN Jean-Claude – Tous économistes. Guide d'introduction à l'économie
DUPAS Hervé Guy, BENNERT Uwe – Lexique de civilisation germanique
DURAND Virginie – Les métiers de la communication d'entreprise
ECK Jean-François – La France dans la nouvelle économie mondiale (4e éd.)
EDEL Patricia, VACHERAT François – Les métiers de la solidarité
ELHOUEISS Jean-Luc – Guide de l'étudiant en droit, Prépasup
ENJEUX – LES ÉCHOS – Sous la crise, la croissance

Fabriès-Verfaillie Maryse – L'Afrique du Nord et le Moyen-Orient dans le nouvel espace mondial

Ferrandéry Jean-Luc – Le point sur la mondialisation (3e éd.)

Fichaux Fabien – L'épreuve d'anglais à Sciences Po

Fort Sylvain – Leçon littéraire sur l'amitié

Flouzat Denise – La nouvelle émergence de l'Asie

Fraissex Patrick, Valette Jean-Paul – Précis de droit public

Fumey Gilles – L'agriculture dans la nouvelle économie mondiale

Gaillochet Philippe – Le monde des MBA

Gauchon Pascal, Hamon Dominique, Mauras Annie – La Triade dans la nouvelle économie mondiale (3e éd. mise à jour)

Gauchon Pascal – Mondialistes et Français toujours ?

Gauchon Pascal, Cobast Éric – L'année Major 98/99. Revue de culture générale

Gerrer Jean-Luc – Leçon littéraire sur *Dans la jungle des villes* de Bertolt Brecht

Gerrer Jean-Luc – Leçon littéraire sur *La Vie de Galilée* de Bertolt Brecht

Gervaise Yves, Quirin Bernard, Crémieu Élisabeth – Le nouvel espace économique français

Goffart Michel, Guët Alain, Jones Gwyn, Michelet Françoise – Lexique de civilisation américaine et britannique (2e éd. revue et augmentée)

Guët Alain, Laruelle Philippe – The US in a Nusthell (2e éd. revue et augmentée)

Hamon Dominique, Keller Ivan – Fondements et étapes de la construction européenne

Hautin Christine, Billier Dominique – « Être compagnon »

Holz Jean-Marc, Houssel Jean-Pierre, Manteau Julien – L'industrie dans la nouvelle économie mondiale

Imbert Marie-José – Cómo decirlo? Comment le dire ? Vocabulaire français-espagnol (2e éd.)

Janvier Sophie – Les métiers du journalisme

Karila-Cohen Pierre, Wilfert Blaise – Leçon d'histoire sur le syndicalisme en France

Kerbrat Marie-Claire – Leçon littéraire sur l'écriture de soi (2e éd.)

Kerbrat Marie-Claire – Leçon littéraire sur *L'Emploi du temps* de Michel Butor

Kerbrat Marie-Claire – Leçon littéraire sur l'héroïsme

KERBRAT Marie-Claire – Leçon littéraire sur la ville
KERBRAT Marie-Claire – Leçon littéraire sur *Frankenstein* de Mary Shelley
KERBRAT Marie-Claire, MAXIMINE – L'œuvre d'art par elle-même
KERBRAT Marie-Claire, LE GALL Danielle, LELIÈPVRE-BOTTON Sylvie – Figures du pouvoir
KLOTZ Gérard – Mathématiques pour les sciences économiques et sociales. Analyse 1
KLOTZ Gérard – Mathématiques pour les sciences économiques et sociales. Algèbre 1. Cours et exercices
KLOTZ Gérard – Mathématiques pour les sciences économiques et sociales. Algèbre 2
LABREUCHE F., MAZEREAU G., TIRARD M. – Vocabulaire économique quadrilingue
LAIZÉ Hubert – Leçon littéraire sur *Les Grands Chemins* de Jean Giono
LAIZÉ Hubert – Leçon littéraire sur l'*Iliade* d'Homère
LAIZÉ Hubert – Leçon littéraire sur *Les Faux-Monnayeurs* de Gide
LARUELLE Philippe, MICHELET Françoise – L'aide-mémoire de l'angliciste (3e éd. corrigée)
LARUELLE Philippe – Mieux écrire en anglais (2e éd. corrigée)
LAUPIES Frédéric – Leçon philosophique sur autrui
LAUPIES Frédéric – Leçon philosophique sur le bonheur
LAUPIES Frédéric – Leçon philosophique sur le mal
LAUPIES Frédéric – Leçon philosophique sur la sensibilité
LAUPIES Frédéric – Leçon philosophique sur le temps
LAUPIES Frédéric (sous la direction de) – Dictionnaire de culture générale
LAUPIES Frédéric – Leçon philosophique sur la représentation
LE DIRAISON Serge, ZERNIK Éric – Le corps des philosophes
LEFEBVRE Maxime – Le jeu du droit et de la puissance. Précis de relations internationales (2e éd. mise à jour)
LE GUÉRINEL Pierre – Individualisme et crise des institutions. Manuel de culture générale
LE GUÉRINEL Pierre – Une société d'exclusion ? Manuel de culture générale
LEVEAU Jacques – L'aide-mémoire du germaniste
LION Claude, AUBEY-BERTHELOT Catherine – Les écrits aux concours administratifs
MAIXENT Jocelyn – Leçon littéraire sur Vladimir Nabokov, de *La Méprise* à *Ada* (2e éd.)

MALVILLE Patrick – Leçon littéraire sur les *Confessions* de Jean-Jacques Rousseau (2e éd.)
MANTEAU Danièle – Leçon littéraire sur le mal
MARÉCHAUX Pierre – Littérature latine. Manuel de poche
MARTINIÈRE Nathalie – Décrypter les médias américains
MARZÉ Jo, SAINTE-LORETTE Patrick de – L'épreuve d'entretien aux concours (5e éd.)
NOUSCHI Marc – Temps forts du XXe siècle
ORTEGA Olivier – La note de synthèse juridique à l'entrée à l'EFB, aux CRFPA et à l'ENM
PARENT Jean, SEPARI Sabine – La société technicienne des origines à nos jours
PELLEGRIN Marie-Frédérique – Leçon sur les expériences du présent
PELLEGRIN Marie-Frédérique – Leçon sur le *Ménon* de Platon
PORTIER François – Documents for Civilization Studies of Great Britain and the English Speaking World
PRETESEILLE Stéphane, FEGYVERES Matthias, LATTAIGNANT Guillaume – Annales de mathématiques, 1998-1999. Voie économique
PRETESEILLE Stéphane, FEGYVERES Matthias, HUILLERY Élise, TACONNET Benoît – Annales des mathématiques 2000. Voie économique
PRETESEILLE Stéphane, FEGYVERES Matthias, LATTAIGNANT Guillaume – Annales de mathématiques, 1998-1999. Voie scientifique
PRETESEILLE Stéphane, FEGYVERES Matthias, HUILLERY Élise, TACONNET Benoît – Annales des mathématiques 2000. Voie scientifique
PRETESEILLE Stéphane et divers auteurs – Annales de mathématiques 2001. Voie économique
PRETESEILLE Stéphane et divers auteurs – Annales de mathématiques 2001. Voie scientifique
PROST Yannick – Petites leçons d'histoire contemporaine
REVARDEAUX François – Petite grammaire de l'italien
RICOT Jacques – Leçon sur *La perception du changement* de Henri Bergson
RICOT Jacques – Leçon sur savoir et ignorer
RICOT Jacques – Leçon sur l'*Éthique à Nicomaque* d'Aristote
ROBINET Jean-François – Le temps de la pensée
ROYER Pierre – Préparer et réussir Sciences Po Strasbourg
ROYER Pierre – Préparer et réussir les concours commerciaux : SESAME, VISA, ECCIP, ECE, MBA Institute...
ROYER Pierre, GABBAY Anne, TREMOLET Vincent – Préparer et réussir le concours des IRA

SANTERRE Jean-Paul – Leçon littéraire sur *Bouvard et Pécuchet* de Gustave Flaubert

SANTERRE Jean-Paul – Leçon littéraire sur *Noces* d'Albert Camus

SANTERRE Jean-Paul – Leçon littéraire sur *La Chartreuse de Parme* de Stendhal

SANTERRE Jean-Paul – Leçon littéraire sur *En attendant Godot* de Beckett

SCHARFEN Herbert – Allemand, cinq cents fautes à éviter (3e éd. corrigée)

SCHIRMANN-DUCLOS Danielle, LAFORGE Frédéric – La France et la mer

SÉNAT David, BONAN Fabien – Préparer et réussir les concours de l'ENM (2e éd. mise à jour)

SÉNAT David, GAYRAUD Jean-François – Préparer et réussir les concours de commissaire de police et de lieutenant de police

SÉNAT David, JEANJEAN Philippe – Préparer et réussir les concours de l'école nationale des greffes

SÉNAT David, ORTEGA Olivier – Les métiers du droit

TEULON Frédéric – L'État et la politique économique

TEULON Frédéric – Croissance, crises et développement (6e éd. mise à jour)

TEULON Frédéric – La nouvelle économie mondiale (4e éd. corrigée)

TEULON Frédéric (sous la direction de) – Dictionnaire. Histoire, économie, finance, géographie (3e éd. refondue)

TEULON Frédéric – Initiation à la macro-économie

TEULON Frédéric – Initiation à la micro-économie (3e éd.)

THORIS Gérard – La dissertation économique aux concours

TOUCHARD Patrice, BERMOND Christine, CABANEL Patrick, LEFEBVRE Maxime – Le siècle des excès de 1870 à nos jours (4e éd.)

TOUCHARD Patrice – La nouvelle économie mondiale en chiffres

TRAN VAN HIEP – Mathématiques. Formulaire (3e éd. revue et augmentée)

TRAN VAN HIEP – Morceaux choisis de l'oral de mathématiques

TRAN VAN HIEP – Les plus beaux problèmes de mathématiques. HEC 1re et 2e années

TRAN VAN HIEP – Algèbre

TRAN VAN HIEP – Algèbre, cours et exercices

TRAN VAN HIEP – Analyse, 2

TRAN VAN HIEP, COMBROUZE Alain – Mathématiques. Analyse et programmation. Cours et exercices

TREMOLET Vincent, ALCAUD David, GABBAY-BAUX Anne – Réussir le concours d'attaché territorial

TROUVÉ Alain – Leçon littéraire sur *Mémoires d'Hadrien* de Marguerite Yourcenar

TROUVÉ Alain – Réussir le résumé et la synthèse de textes aux concours (2e éd. corrigée)

VENET Gisèle – Leçon littéraire sur *Henry V* de Shakespeare

VILLANI Jacqueline – Leçon littéraire sur *Les Mots* de Jean-Paul Sartre

Imprimé en France
Imprimerie des Presses Universitaires de France
73, avenue Ronsard, 41100 Vendôme
Septembre 2001 — N° 48 419